国家出版基金项目
NATIONAL PUBLICATION FOUNDATION

中国航天人的故事

吴 卓 主编

CAPH 中国宇航出版社
·北京·

图书在版编目(CIP)数据

中国航天人的故事 / 吴卓主编. --北京 : 中国宇航出版社，2015.12(2020.12 重印)
(中国航天发展印记)
ISBN 978-7-5159-1060-4

Ⅰ. ①中… Ⅱ. ①吴… Ⅲ. 航空航天人员－生平事迹－中国－现代 Ⅳ. ①K826.16

中国版本图书馆 CIP 数据核字(2015)第 321307 号

责任编辑 牟宁宁 装帧设计 宇星文化

出版发行 中国宇航出版社

社址 北京市阜成路 8 号 邮编 100830
(010)60286808 (010)68768548
网址 www.caphbook.com
经销 新华书店
发行部 (010)60286888 (010)68371900
(010)60286887 (010)60286804(传真)
零售店 读者服务部
(010)68371105
承印 三河市君旺印务有限公司

版次 2015 年 12 月第 1 版
2020 年 12 月第 6 次印刷
规格 787×960
开本 1/16
印张 13.5
字数 206 千字
书号 ISBN 978-7-5159-1060-4
定价 40.00 元

前　言

2016年，中国航天事业即将迎来创建60周年纪念日。60年来，一代代航天人艰苦奋斗、自强不息、不断创新、勇于拼搏，取得了以“两弹一星”、载人航天工程和月球探测工程三大里程碑为代表的辉煌成就，造就了众多可亲可敬的模范人物，留下了许多可歌可泣的感人事迹。他们把青春、智慧和汗水奉献给了祖国的航天事业，他们塑造了中国航天之魂。

《中国航天人的故事》再现的正是这些为航天事业无私奉献的航天专家、科技人员、技术工人与航天事业相生相伴、砥砺前行的动人故事。在中国航天事业创建60周年前夕，中国航天基金会与中国宇航出版社向航天系统公开征集航天人的故事，得到了有关单位和广大航天人的积极响应。经过精心筛选，本书收录了50篇精彩故事，涵盖了从航天事业创建之初到航天事业蓬勃发展的今天，工作在导弹、火箭、卫星、飞船等领域的航天人攻关奉献的先进事迹。这些普普通通的航天人，怀揣着一份为伟大祖国争光、为航天事业奉献的质朴情怀，用他们的无私、无畏、严谨和执著，为平凡的工作增添不平凡的光彩，他们身上折射出的是中国航天人自力更生、艰苦奋斗、无私奉献、勇于攀登的精神风貌。

中国航天事业能取得今天的成就，离不开千千万万航天人的淡泊名利和无私奉献。他们呕心沥血，矢志报国，孕育了航天传统精神、“两弹一星”精神和载人航天精神，书写了可歌可泣的壮丽篇章。他们中既有开创事业的航天前辈，也有攻坚克难的科技专家；既有坚守靶场的部队战士，也有技能超群的技术工人。他们在中国航天这面光辉旗帜下，淋漓尽致地诠释了中国航天人的精神风貌和崇高品质，是中国航天事业不可或缺的中流砥柱。

回首航天路，共筑中国梦。老一辈航天人的故事，唤起了我们对峥嵘岁月的回顾和对美好未来的向往。在中国航天事业创建60年之际，希望新一代航天人能够追寻前人足迹，继往开来，投身航天事业，探索航天科学，践行航天精神，走自主创新道路，担富国强军使命，为早日实现航天梦、中国梦而努力奋斗。

由于编者经验不足，书中若有谬误之处，敬请广大读者批评指正。

《中国航天人的故事》

编辑部

2015年12月

目 录
CONTENTS

导弹篇

火箭篇

星船篇

人物篇

综合篇

1 导弹篇

外国人能干，中国人为什么不能干？

刘登锐　石　磊

1955年11月22日，钱学森正式到中国科学院报到。但是，出乎意料的是，他接受的第一项任务是去东北参观考察和讲学。郭沫若告诉他，这是周总理的意思。

在接下来整整一个月的时间里，钱学森在朱兆祥的陪同下，到哈尔滨、长春、沈阳、旅顺、大连等地，参观了全国最大的钢铁厂、煤矿、水电站、炼油厂、化工厂、机床厂、汽车厂和飞机厂，访问了一些大学和研究所。东北是当时中国最集中的现代化工业基地，钱学森正是在这里了解了中国的工业基础、技术水平等基本国情。

临近12月的哈尔滨，已是冰封大地，一派北国风光。火车驶近站台，钱学森老远就看到了这座城市一处处喷吐着活力和生机的高耸烟囱，看到了停靠在一条条铁路上忙碌装卸的货车和上下旅客的客车。道岔上的信号灯，不时闪闪烁烁，一派热火朝天的繁忙景象。钱学森丝毫没有察觉，冥冥之中，命运之手已在哈尔滨悄悄地扳动了道岔。从这里，他的人生开始驶向了另一条轨道。历史往往就是这样，不经意间就赋予了一个人庄严的使命。

11 月 24 日，钱学森在参观东北烈士纪念馆时提出，他在哈尔滨有两个朋友，一个叫庄逢甘，是加州理工学院李普曼教授的博士生；另一个叫罗时钧，是他在加州理工学院指导过的博士生。听说这两人在一所军队的学校里教书，他想见见他们。

庄逢甘和罗时钧当时都在哈尔滨军事工程学院（简称哈军工）任教。哈军工因为对外严格保密，经请示中央后，同意钱学森访问。

翌日上午，一辆黑色的小轿车驶进哈军工校园。一群身穿将校服装的军官早已在路边等候迎接。为首的是陈赓大将，他已升任副总参谋长，虽还兼任哈军工院长，但他平时在北京的总参谋部上班，为迎接钱学森，他当天起了个大早，专程从北京飞到哈尔滨。他上前握住钱学森的手，热情地说："欢迎啊！欢迎钱先生来学院参观指导，我是陈赓啊！"

陈赓把学院领导向钱学森一一作了介绍，副院长徐立行告诉钱学森，罗时钧和庄逢甘上午有课，中午会来陪他用餐。然后，陈赓陪同钱学森从礼堂到操场再到实验室，从空军工程系到海军工程系再到炮兵工程系，让钱学森看了个够。陈赓真诚而风趣地说："我们军事工程学院敞开大门欢迎钱学森先生。对于钱先生来说，我们没有什么秘密要保的。"

钱学森得知，学院请了 20 多位苏联专家，建设速度和教学水平都在提高。看到钱学森对空气动力学方面的建设十分关心，陈赓便让马明德教授介绍，自己在旁边敲边鼓，两人口若悬河地夸起了学院的全部家当：学院已经建好并正在使用的有两座风洞，1 号风洞是圆形开口式的，1954 年 11 月 20 日首次试车成功，试验段直径 1.5 米，最大风速 50 米 / 秒；2 号风洞是 1.5 米圆形闭口式的，也已在 1955 年元旦前投入使用，现在可以做空气动力学课程的 8 种试验。目前学院正在设计、安装的 3 号风洞，是马赫数为 2、试验段截面积为 80 毫米 ×80 毫米的吸入式风洞，将于 1956 年年初建成。下一步还要建几座风洞，形成从亚声速、跨声速到超声速相互配套的"军工风洞群"。

钱学森非常兴奋，他完全没有想到哈军工风洞的建设和发展会如此之快，由衷地赞叹道："了不起！你们的空气动力学研究已经走在全国的前列，看来中国科学院要向你们学习呀！"

钱学森在学院里见到了麻省理工学院的校友梁守槃，巧的是梁守槃的妹妹梁守瀛是钱学森夫人蒋英的密友，也是钱学森的好友、力学专家林家翘的夫人。他还结识了炮兵工程系副主任、比他小 4 岁的任新民。这些人以后都成为了钱学森创建中国航天事业的得力助手。

任新民陪着钱学森参观了一个简陋的固体火箭试车台，然后指着一个 10 多米高的铁架子说："不怕钱先生笑话，我们做火箭发动机比冲试验的方法很原始，用火箭弹测相关曲线，这是笨办法上马。"钱学森真诚地说："不容易！你们的研究已有相当的深度，尽管条件有限，已经干起来了嘛！迈出这一步，实在出乎我的意料！"接着又讨论起固体火箭推进剂的配方问题，这正是钱学森的专长，两人谈得很投机。

钱学森在炮兵工程系参观中，还遇到两件事。一件事是，在参观炮兵射击训练的模拟装置时，现场教师介绍说，在目前的教学中，修正炮弹落点偏差依据苏联教材讲的正态分布理论。钱学森提醒道："请你们注意研究第二次世界大战中德国 V-2 火箭袭击伦敦时，落点散布服从泊松分布的情况。"经钱学森一点拨，炮兵工程系的教师开始注意研究西方国家射击理论方面的成果，使哈军工在这一领域的学术水平大为提高。另一件事是，钱学森在固体火箭试车台前和正在进行安装调试的教师讨论时，针对试验装置欠妥之处，谈了自己的看法。教师们说，这是苏联专家的意见，不能改动。钱学森不以为然地摇了摇头。

钱学森的举动，被细心的陈赓看在眼里，记在心上。陈赓心里醋溜溜的——要不是中国科学院动手太快，钱学森应该是我们哈军工主管教学的副院长。

夜幕下的哈尔滨，灯光旖旎，恍若天街。陈赓把院系领导和教授张述祖、曹鹤荪、周明鸂、梁守槃、马明德、任新民、沈正功、卢庆骏、庄逢甘和罗时钧都叫来，一起宴请钱学森。陈赓暗想，白天有很多话没来得及说，这顿饭，一定要吃出点名堂来。

原来，陈赓从北京飞到哈尔滨还负有一项秘密使命，国务院总理周恩来和国防部长彭德怀都托他探探钱学森的“底儿”：一是看他能不能在尖端武器方面为国效力，二是新中国的这点基础干不干得了尖端武器。

席间，机敏的陈赓巧借请教火箭知识的机会，两三句话就扬到了火箭的话题上，引得钱学森谈兴甚浓，很快就上了“套”。他介绍了第二次世界大战后，美、英、法等国的陆、海、空军都已逐步采用各种导弹作为制式装备后说：“为了中国国防建设的需要，应立即开展火箭导弹的研制工作，在较短的时间内使我国喷气技术和火箭技术走上独立发展的道路，接近世界的先进技术水平。”钱学森称赞哈军工的建设速度以及在科研工作中所取得的成绩，多次强调，我们中国人不比美国人笨。

陈赓抓住话题单刀直入，向钱学森提出了他的“使命性”问题。

钱学森在 1997 年的回忆中详述了这段谈话：

> 吃完饭以后呢，陈赓大将就问我，中国人搞导弹行不行？我那个时候正憋着一肚子气呢，中国人怎么不行啊？所以，我回答很干脆，我说外国人能搞的，难道中国人就不能搞？中国人比他们矮一截？陈赓大将听了以后非常高兴，说好极了，就要你这句话！那么可见在他心里头，这件事情已经想了很久了。

晚宴上，宾主越谈越兴奋，陈赓站起来大声地说：“钱先生的话让我心里有了底，我们一定要搞出自己的火箭！我提议，为欢迎钱先生参观我们的学院，为发展我们中国自己的火箭事业，干杯！”钱学森与陈赓虽是第一次见面，但两人都有相见恨晚之感。钱学森晚年曾深情地回忆说：“我回国搞导弹，第一个跟我说这事的是陈赓大将。”

离开哈尔滨后，钱学森又访问了东北的很多城市，并在哈尔滨工业大学、长春机电研究所和沈阳的东北工学院分别做了演讲。内容都是围绕着技术科学和思考之中的建设力学研究所的事，他在演讲中一次比一次更清晰地描绘出他心中的力学所的发展蓝图。

12 月 21 日，钱学森结束了在东北三省的参观访问回到北京。让他没有想到的是，在北京还有一个人在焦急地等待着他。这个人，就是在朝鲜战场上跟美国侵略者较量了三年的国防部长彭德怀元帅。

彭德怀戎马一生，从北伐战争一直打到解放战争，是个有勇有谋的常胜将军。可是他也是在朝鲜战争中第一次领教了海陆空三军协同、现代化武器装备、机械化大兵团作战的厉害，虽说志愿军取得了抗美援朝最终的胜利，但却付出了伤亡多于对手一倍以上的代价，也着实让彭德怀心痛和窝火。他从周恩来和陈赓那里得知了钱学森的背景，恨不得立刻向钱学森讨教建设现代化国防的良策。

火急脾气的彭德怀天天派人盯着钱学森的动向，一听说他回到北京了，顾不上自己正在住院治病，赶快给陈赓下达任务："快，快，快请钱教授来，我和他谈谈。"

12 月 26 日下午，陈赓陪同钱学森来到北京医院看望彭德怀。一见面，彭德怀就紧紧握住钱学森的手说："欢迎，欢迎！我们太需要你这样的火箭专家了！"落座后，他开门见山地说："钱先生，我是个军人，今天找你来，想谈谈打仗的问题。我们是社会主义国家，不会去打人家。但我们一定要把部队用新式武器装备起来，落后就要挨打，这是历史的教训。我很想知道，我们中国人能不能自己造出导弹来？能不能先搞出一种短程导弹，比方说打 300 公里到 500 公里，这需要什么样的人力、物力和设备条件？估计需要多少时间？"彭德怀像打机关枪似的，"嘟嘟嘟嘟"把一梭子湖南话放了出来。钱学森略作思考，问道："这种短程导弹以什么为目标呢？"

彭德怀说："我们时时受到美帝国主义和台湾蒋介石的武力威胁，所以当前急需的是解决防空导弹和对付海上目标的导弹。"

钱学森回国虽然只有短短几个月，但他抓紧时间阅读书报、资料，这次又在东北转了一圈儿，对中国的基本国情有了大致的了解，他告诉彭德怀，以现在的技术基础，如果研制 300 公里至 500 公里射程的近程导弹，在结构和发动机方面，两年内有望解决，关键是把导弹打出去以后能把它控制住的那一套东西，也就是自动控制技术，恐怕短时间内难以突破。他伸出十个手指，比划着，弹体结构和发动机的研制大约占总工作量的 20%，而自动控制技术的研制则会占到80%。在第二次世界大战时，德国人的V-2火箭解决了推进和弹道问题，但它命中率很低，向伦敦发射的导弹绝大多数都没打到城里，倒是在城外刨了很多大“地坑”，这就是因为自动控制系统达不到要求。

彭德怀显然听懂了钱学森的话，赞同地说：“是的，是的，如果导弹打出去像没头苍蝇一样乱飞一气，还怎么消灭敌人呢！”

钱学森又把自动控制的原理，由哪几个部分组成，有些什么难点，怎么一步一步地解决，深入浅出地做了讲解。彭德怀听得很入神，接着又问：“那么，这个自动控制几年能搞出来？”钱学森考虑片刻回答说：“搞导弹当然不是一件容易的事，需要有一支搞科研和设计的队伍，需要建一些地面设备，也需要有专门的加工制造工厂，原材料可能需要全国各有关部门的支持。至于人力、物力，这需要仔细估算一下。而时间嘛，美国从军方开始支持搞导弹，到搞出第一枚导弹，用了近10年时间。我想，我们可以比他们快，有5年的时间，我看是可以的。”

彭德怀大喜，马上就向陈赓交代：“我们的军队不能老是‘土八路’，也要学点洋玩意儿。你安排钱先生给我们的高级干部讲讲课，让大家都开阔眼界，长长见识。”

1955年12月底，钱学森先在中南海向政府和军队的高级干部做了一次关于发展尖端武器的报告。1956年元旦后，他又在总政排练场为军队高级干部做了三场关于火箭导弹技术的讲演。听报告的有中央书记处的同志，有国务院副总理和部长们，还有佩戴元帅、大将、上将军衔的军队高层领导。身经百战的贺龙、陈毅、聂荣臻元帅等都兴致勃勃地赶来当学生。钱学森的每一次报告、讲演，会场里都是座无虚席、鸦雀无声。

钱学森虽然在美国讲了10多年的课，还专门在火箭与喷气技术训练班给美国军官当过老师，但是台下坐着这么多高规格的听众，他也是从未经历过的。他用自己在美国参与研制火箭的经历，通俗地介绍了火箭的基本结构和用途，国外火箭、导弹技术的发展现状；历数了火箭技术在军事上的重要用途；讲述了我国为什么要搞导弹；设想了今后发展火箭、导弹技术的途径。他把军事与技术结合起来，讲得深入浅出、通俗易懂。我国“两弹一星”元勋之一的黄纬禄院士后来回忆说：

> 我第一次见到钱学森同志是在1955年冬天，当时我作为通信兵部电信技术研究所的代表到中南海听一个重要报告，会场汇集了三军的高级将领和各科研机构的技术人员，主讲人就是刚从大洋彼岸辗转回国的钱学森。他建议中国要尽快着手研制导弹和原子弹，精彩的报告触动了在场的高级将领。当有人怀疑我们不行时，钱学森坚定地说："我们中国人不笨，外国人能搞的，中国人也能搞出来！"

钱学森的报告掀起了好一阵导弹热。打了几十年仗的将帅们还是第一次接触到这门新知识，第一次听说还有从地面打飞机的地空导弹、从飞机上打飞机的空空导弹、从空中打地面的空地导弹、从地面打地面的地地导弹等新家伙，要是用这些新式武器替换掉战士手里的步枪，那将是个什么情景？将帅们个个摩拳擦掌、喜形于色，对未来产生了莫大的向往。

那一阵子，陈赓也成了火箭迷，他抽空跑到他的"黄埔老师"叶剑英元帅家里，将在哈军工、在彭老总病房和排练场与钱学森的会见、谈话以及听钱学森的报告等情况，绘声绘色地向叶帅宣讲了一遍。叶剑英当时任中央人民政府军事委员会副主席、国防委员会副主席，主持全军训练工作。陈赓的一通话，说得叶帅心里痒痒的，他对陈赓说："你就当个牵线人，请钱学森夫妇到我这里吃顿便饭，日子嘛，就定在春节怎么样？"

陈赓非常高兴，心想把老帅们都说动了，何愁中国的火箭不会早日飞上蓝天。他爽快地说："好啊，大家一起过年，就更有气氛了！"他赶紧给钱学森下了请帖。

1956年2月12日是春节，一夜细雪，大地披银。上午11时许，陈赓陪钱学森夫妇一起来到叶剑英的宅院。这是钱学森回到北京3个月以来，继陈毅和彭德怀之后，第三位共和国的元帅专门接见他。开场的寒暄后，家宴几乎变成了"火宴"，火箭和导弹成为餐桌上的"主菜"。由于有了一些准备，钱学森把思路进一步梳理和细化，对人力、物力、机构设置、研制步骤等方面都做了一个初步的设想和筹划，这次谈起来也更有条理。钱学森还建议成立一个新的军种，名字可以叫“火军”。叶帅和陈赓听得津津有味，三人谈得越来越兴奋。叶剑英和陈赓觉得过去不太敢深想的事，现在终于有了一些眉目，越谈他们的心情就越急切，就越期望钱学森能来主持这项事业的发展。

饭后，陈赓建议立即去找周总理商量。叶剑英看看手表说：“今天军委办公厅举办春节舞会，总理他们可能在三座门跳舞，我们现在就去找他。”他们见到周总理后，周总理也表示非常支持，他说：“学森同志，您的想法很好嘛。现在我交给您一个任务，请您尽快把您的想法，包括如何组织这个机构，如何抽调专家等，都写成一个书面意见，以便提交中央讨论，还要请您来给我们讲一堂导弹课啊。”

面对新中国开国元勋们期待的目光，钱学森看到了新中国对建设现代化国防如饥似渴的企盼，他突然觉得自己有了一种莫名的负重感，而这种感觉在美国 20 年的生涯中是从来没有过的。从此他一心投身于国防建设，领导中国的导弹和火箭研究，使中国导弹、原子弹的发射向前推进了至少 20 年。

等导弹上天后一定好好休息

陈士榘

1987年9月9日，应国防科工委邀请，我参观了酒泉卫星发射中心发射我国第21颗卫星。在瀚海无际的沙洲中，随着指挥员的最后一道命令，竖立在发射塔旁的乳白色火箭在一声巨响中，像一条巨龙喷出淡黄色的浓烟，拖着长长的火舌，划出优美的曲线，穿过淡淡的云层。几十秒以后，只听见万里长空中那滚雷般的轰鸣。发射非常成功。

发射卫星是这么动人心魄，瀚海是这么令人流连。我作为导弹试验基地工程建设的领导者——特种工程指挥部的司令员兼政委，不禁想起29年前特种工程部队指战员、工程技术人员和广大职工搏击瀚海恶风、建设导弹试验基地的难忘岁月。

1958年4月，几万大军开进荒无人烟的戈壁滩，在极其艰难的条件下，第一次建设我国尖端国防工程，为我国的导弹、原子弹事业的崛起奠定基础。由于当时的特殊背景和严格的保密制度，这支队伍默默地开进戈壁滩，又默默地撤离戈壁滩。他们的名字——7169部队，他们的业绩湮没在历史的缝隙中。每每想起，我内心深处都会涌现出一种说不出的内疚和怀念。

一、工程勘察

1957年秋，中央军委决定筹建导弹试验基地。这是我国前所未有的极其庞大的国防尖端技术工程，因此，中央军委决定基地工程（代号0029工程）建设由工程兵总负责，海军、空军、总后、铁道兵、通信兵分别承担有关工程，并任命我担任工程勘察和工程施工的领导。

1958年3月，我率孙继先、周彪、李寿轩、张令彬、张贻祥、赵东寰等人组成一支30多人的队伍，在北京西郊机场乘苏制伊尔军用机，飞向大西北进行工程勘察，同行的有我们工程勘察设计部门的专家，还有几位负责建设基地的苏联专家。

飞机在酒泉降落后，我们在酒泉住下来，又改乘汽车继续向东北方向行驶。几个小时后，车到了内蒙古额济纳旗旗政府所在地——青山头（后改名绿洲园）。在这里建设我国第一个导弹试验基地，是有深意的。

3月11日到4月10日，我们勘察组坐飞机、乘汽车、骑骆驼，风餐露宿，踏遍了数千平方公里的戈壁荒漠，对额济纳旗青山头地区和新疆部分地区进行了详细勘查，完成了甲乙丙丁四组试验发射区和弹着区以及铁路专线的勘察任务，向中央军委写出了发射区和弹着区的配置意见和勘察报告。

1958年6月，中央军委副主席彭德怀代表中央召集黄克诚、张爱萍和我，明确提出了导弹试验基地一期工程一定要在1959年6月1日前完成。

二、瀚海雄风

为了基地工程早日动工，完成工程勘察之后，中央军委决定组建一支担负基地工程建设的特殊部队——特种工程指挥部（简称特工指）。中央军委决定，以志愿军19兵团机关和志愿军工程指挥部为基础，组成特工指机关。

千年沉睡的西北戈壁，终于迎来了人马喧啸、机器轰鸣的一天，当时绝大多数指战员和职工是清楚他们这一行动的意义的。接到命令后，他们含着泪水告别自己的亲人和战友，告别了绿色的营房、温暖的家庭和美丽的城市，来到这荒无人烟的瀚漠。工兵109团所有休假和探亲的干部战士接到命令后，仅一个星期，便从全国各地来到集中地点。

这是一个与世隔绝的神秘世界，炎炎烈日烤得沙漠像个巨大的蒸笼，滚滚热浪和黄沙，使人透不过气、睁不开眼。阵阵旋风、龙卷风、沙漠形成一根根擎天的沙柱，转眼之间，狂风骤起，黄沙肆虐，尘土蔽日，天昏地暗，帐篷、油罐被刮走、掀翻，水里、饭里掺进了沙子。大风过后，一片狼藉。

在戈壁滩上要想生存下去，首先要解决水的问题，战士们挖坑取水，不仅解决了吃水问题，还栽树植草，抗击风沙。帐篷经不起风沙的袭击，大家开动脑筋，想出很多方案，最后采用半阴半阳的地窖，即一多半在地下，少部分露出地面，顶棚用芨芨草和黄泥密封。这种房子冬暖夏凉，挡风抗沙，战士们亲切地称它为沙漠营房。我们的战士就是在这种简陋的条件下完成了共和国第一个现代化国防尖端科技工程。

三、艰苦创业

在环境艰苦、技术落后的条件下，我们的科学家、工程技术人员夜以继日地就工程方案进行了一次次的计算和论证，最终制定了三年的导弹和原子弹建场计划。“三年时间，不可想象，在苏联、在西方没有十五年是完不成这样浩大工程的。”一位苏联专家带着鄙视的目光不断地摇头摆手。我们指挥部的认识是统一的，信心是十足的。广大指战员和工人更是干劲冲天，没日没夜地拼命干。

为了加快工程进度，我们发动全体干部战士大搞技术革新，改善劳动手段，提高工作效率。从1958年5月到1959年1月，部队的发明创造和技术革新就有2950多项，提出各种科学性建议5.2万多条。某部发明的外部装药爆破法，提高工效数倍，节约资金53.9万余元；某部制造的万能工具台代替了十分缺乏的九种电工机具；某部改造成功的超平板振动器，效率提高了五六倍。一位战士在发明创造中失去了五根手指，一位女技术员为寻找大风刮走的图纸献出了自己的生命……就这样，汽车流动装卸器、空气喷水散热器、手摇式六刀切菜机、淘米机等先后问世。此外，大家群策群力，发挥专长，烧砖、制瓦、织草席、编条筐，不仅使工程进度加快，生活条件也得到了改善。

0029 一期工程，分布在 1.3 万平方公里的 4 个区，南北长 140 余公里，东西宽 90 余公里。技术厂房和普通营房总面积 485299 平方米（不含弹着区和海上部分）。全区包括技术阵地、发射阵地、特种燃料库、观测站、收发信台、气象站等 41 个场区 2555 个建筑物。特种工程营房、机场、铁路、公路、电力、通信、给排水、设备安装等项工程提前完成，质量达标。在大漠中，战士们修筑起长 4.2 公里、宽 60 米的大型飞机跑道，平展光洁，延伸到远方，显得格外醒目。那时它号称亚洲最大的机场，时至今日，一排排战鹰银光闪耀，昂首待命，机场仍然完好无损。

工程施工部队的广大官兵怀着对党的忠诚，对祖国振兴昌盛的一腔热血，以顽强的毅力，仅用两年零四个月，就在浩瀚的戈壁滩上建起了我国第一个综合导弹试验基地。

1960 年 8 月，在总参、国防科委组织的质量检验中，专家们对我国的导弹试验基地工程做了令人欣喜的评价——“这项工程不仅速度快，而且质量好”，全部被评为优秀工程。聂荣臻元帅十分兴奋，说：“你们不仅提高了质量和速度，也抢回了设备，意义重大。”

由于我们提前完成了施工任务，恰好赶在苏联撕毁合同之前，苏联不得不按合同规定将全套设备交付我国。

四、新的一页

1960 年 9 月 10 日，我国用国产推进剂发射了一枚苏制 P-2 近程导弹并获得成功，证明了我们所建的工程设施技术标准完全符合要求，经受了实弹的考验。

1960 年 11 月 5 日，发射了我国仿制的 P-2 导弹，成功命中目标。

那时，我们身上的压力是何等的沉重啊！国际上发达国家卡我们，国内经济又处于严重困难之中，正是在这种形势下，毛主席说：“赫鲁晓夫不给我们尖端技术极好！如果给了，这个账是很难还的。”周总理说：“我们中华民族是有骨气的民族，也是有智慧的民族，没有什么力量能压服我们，也没有什么事情能够难住我们。”这是一个崛起民族的强大声音。

我们的党、我们的领袖以特有的气魄、智慧，形成了巨大的向心力和凝聚力，从中央到地方，从国务院到研究院，从元帅到士兵，从专家到工人，人人都憋着一股气。当时施工大军一个节假日也没有休过。深夜的戈壁滩工地上灯光如昼，机鸣车响，茫茫沙漠上一片喧腾，我曾不止一次地提醒大家，累了就要休息，休息好了再干，他们回答：等导弹上天后一定好好休息！

把这段历史记录下来，以纪念那段热血沸腾的岁月，纪念那些默默无闻的伟大建设者们。

“你们都立了大功”

吕若平

2013年6月11日下午5时38分，神舟十号载人飞船在酒泉卫星发射中心腾飞上天，作为一个老航天人，我看了电视实况转播后，万分激动。55年前我们付出的艰辛劳动还是值得的。

那是1958年3月，我所在的志愿军十九兵团，从朝鲜战场回到北京，改编成特种工程指挥部（代号7169部队），在陈士榘（上将）司令员兼政委的指挥下，秘密开赴大漠深处，执行一项机密任务——建设导弹基地。当时的形势非常严峻，我们必须争时间、抢速度，尽快保证导弹试验。为此，国家有关部委成立对口管理机构或指定专人负责，把此项工程视为“天字第一号”任务，只要有需要，就全力支持，优先保证。

大规模施工开始后，广阔的戈壁滩上机器轰鸣，昼夜都能看到施工人员的身影。各级领导同志吃住在工地，深入到现场，与战士同甘苦、共劳动。

给施工部队带来最大干扰的是恶劣的气候。冬季“黄毛”风一刮，寒冷刺骨，稍不留神就被冻伤。春季虽不太冷，但狂风刮起，飞沙走石，尘土蔽日，帐篷会被刮倒，汽车会被吹翻。夏天，火热而毒辣的太阳照得大地像个巨大的蒸笼。在室外干活时，强烈的紫外线照得我们两眼发黑，皮肤晒得爆皮，脚板好像踩在烙铁上。秋天是施工的黄金季节，但是有扰人的蚊虫，特别是到了晚上，照明灯一亮，成群结队的蚊子恶狠狠地扑向人脸，咬得战士们叫苦不迭。为加快工程进度，指挥部决定，机关工作人员轮流到施工一线参加劳动，我所在的司令部办公室被分配去修路。在技术人员的指导下，先堆路基，然后夯实，再铺石，浇水泥。大风天气时，漫天的沙子加上施工扬起的尘土扑面而来，我们呼吸都变得十分困难，一天下来完全变成了泥人。

1959 年 5 月，我跟随一位指挥部领导到一个连队当兵。由于风沙太大且持续时间长，所以米饭和馒头都是重度牙碜，吃饭时只能狼吞虎咽。戈壁滩上的夜风很厉害，有一次睡到半夜，一阵狂风把帐篷吹倒，全班人员都被压在了里边，大家醒来时才发现自己动弹不了。后来大家吵吵嚷嚷地拼命往外钻，我动作慢，差不多最后才爬出来。

施工至 1960 年上半年，铁路已经通车，各工号主体工程基本完成。当时最紧急的事情是等待苏联专家速来安装各种设备。

1960 年 6 月，60 名苏联安装专家来到工地。他们技术熟练，操作规范。各单位抽调精兵强将，一对一或二对一紧跟这些专家，想方设法把技术学到手。在工作中，多数专家同意中国技术人员观看他们操作，并边做边讲解设备的性能、作用；但也有个别专家在安装设备时把中国人员赶走，说在旁边学习是“干扰他的工作”，向中国技术人员发脾气。

8 月，苏联军事总顾问来现场看望，他看了各工号的修建情况，当天就对他们的专家宣布：“你们的任务已经完成，明天回国。”专家进场不足两个月，安装任务才完成一半，怎么能说已经完成任务了呢？所有人都无法理解。然而，两三天后，军委发来电报说赫鲁晓夫已撕毁中苏协议，要撤走在华专家，要求大家做好欢送和专家撤走后的善后工作，尽量减少损失。

苏联专家要离开了，有不少人遥望远方，迟迟不愿意走，有的与中方人员长时间拥抱。尤其是施工专家施涅金与我们几个工作人员非常熟悉，他同我们一起生活，一起研究问题，晚饭后和我们一起聊天、打羽毛球。他是苏联工程兵上校，懂建筑、施工，会计算，许多技术难题到他那里都能得到解决。临上飞机前，他对我们说："我今年52岁了，回去后可能要退休了，领导不会让我这个在中国工作过的人再工作，请你们记住，不管谁有机会到莫斯科，一定去看我，一定！一定！"当他讲到这里时，两只眼圈都红了，非常激动。

为了给中国人争气，保证按时完成工程任务，指挥部首长及有关部门同志分别下到关键部位与部队的技术人员共同研究未完成的工作。由于有些技术我们不懂，不敢贸然去干，以致不得不停下来把技术吃透、情况判明再继续动手摸索前进。特别是那些技术复杂、工程量大的工号，指挥部组织技术人员现场研究，现场操作，一次不行两次，两次不行三次，一而再、再而三地琢磨攻关。中国人是聪明的，是有智慧的。经过20多天的时间，终于攻克了一个个技术难关，把苏联留给我们的难题一个个解决了。

11月5日上午，1号阵地上我国研制的第一枚导弹点火发射，飞行了560公里，精确命中目标，从而宣告了中国拥有了自己的导弹武器。当晚，聂荣臻元帅自豪地说："在祖国地平线上，飞起了中国自己制造的第一枚导弹，这是我国军事装备史上一个重要的转折点。"航天事业发展的大幕从此拉开。

1961年1月，完成任务的这支庞大建设队伍在进行了总移交后，悄悄撤离。为防止泄密，一张图片资料都没有带出来。我随着指挥部领导机关最后离开。其中有几十名战友永远地留在了那里，而他们的家人却不知道自己的亲人牺牲在何处。所以，当代人知道两弹研制科学家和试验发射单位，却从未听说过建成"两弹一星"使用基地的7169部队。

然而，令人欣慰的是，毛主席不仅知道这支特殊的工程部队，并且对它的功绩还做了明确的肯定。陈士榘将军生前有一段回忆是这样说的："1965年元旦之夜，毛泽东主席健步走上天安门城楼，来到一片金星闪烁的解放军高级将领中间。将军们或敬礼或鼓掌，争着向自己的统帅拜年祝贺。毛主席走到陈士榘和张爱萍面前时停了好久，他一只手握住陈士榘的手，另一只手指着张爱萍将军，笑着说："祝贺你，你们（指工程兵）立了功，他们（指国防科委）出了名，你们做窝（建成'两弹一星'基地），你们下蛋（成功爆炸原子弹），我们中国人说话开始算数了！你们都立了大功。"毛主席的高度赞扬与评价，使我感到无上光荣，无比自豪。

将发射导轨锯短！

刘登锐　石　磊

国家把一项新的任务交给了导弹研制者，在上游一号舰舰导弹的基础上，研制海鹰一号舰舰导弹。按照“一弹两用”的思路，再把它搬上岸，改型设计成为岸舰导弹。海鹰一号导弹武器系统的技术抓总工作由七机部三院即飞航式导弹研究院承担，身为三院副院长的梁守槃担任此型海防导弹武器系统的总设计师。三机部 320 厂承担导弹设计和生产总装工作。

梁守槃带领科技人员在“上游一号”的基础上，很快投入到海鹰一号岸舰导弹研制的工作中。320 厂也借助仿制“544”的经验迅速完善技术方案，开始全面生产。1966 年年底，320 厂研制的海鹰一号导弹完成设计，运往基地进行打靶试验。按照设计，“海鹰一号”的末制导雷达应该搜索到目标，然后瞄准目标进行攻击。但在飞行试验中，这枚导弹的飞行姿态和弹道都很正常，却没找到目标而径直飞走了。这次试验虽然证明了导弹能飞 70 公里，但打不着目标，试验仍然不能算成功。

对此，320 厂分析认为，可能是因为冬天太冷，雷达出现了问题。第二年 1 月又打了一发，不行；4 月再打一发，还是不行。最后证明，问题不在于天气冷不冷。

为什么连打三发导弹都失败了呢？就在大家无计可施之时，梁守槃在发射现场找来各种图纸资料，经过反复计算分析，终于找到了症结所在。他摸了摸脑门，肯定地说："是发射架振动对导弹有影响！"

经过计算，他发现"海鹰一号"发射架动作的时候，跟导弹的动作有共振关系，仿佛半瓶水受力后在瓶子里摇，导弹发射出去时，在发射导轨上一晃动，雷达就失灵了。1967 年 7 月，国防科委请钱学森等人主持研究故障原因，专家们也一致认为，是导弹的振动环境恶劣使末制导雷达处在时好时坏的"临界"状态，造成了"海鹰一号"目盲，看不见目标。

于是，梁守槃向试验人员抛出了他的"锦囊妙计"：将发射导轨锯短 1.2 米，将导向梁末端底板下弯 20 度，同时将天线回调角提高 0.1 度，以减少发动机喷流引起的振动。320 厂又加强了弹体的刚度，为雷达采取了抗振措施。果然，再打时导弹准确地命中了目标。困扰大家几个月的难题，就这样被鬼斧神工般地解决了。

梁守槃在回忆这段历史时深有感触地说，看来完全按照仿制的办法，照本宣科搞设计，加上缺乏工程经验，出问题、走弯路是难免的。但依靠自己的力量，不照抄外国的，树立自信心，发愤图强，就一定能够解决遇到的问题。

沙漠寻“宝”

汪明发

1970年1月30日，中国第一枚二级中远程导弹——东风四号试验弹在酒泉导弹试验基地的首次发射成功，使中国拥有了射程更远的弹道导弹，不仅拉开了中国后续洲际导弹研制的序幕，而且也为用于发射中国第一颗人造地球卫星的长征一号火箭的研制提供了宝贵的经验，奠定了坚实的基础。

从发射场的监察数据看，虽说二级高空发动机点火、启动、关机等环节的工作情况正常，但到底正常到什么程度？这对于眼见为实、精益求精的发动机副主任设计师张贵田来说，莫过于一睹为快、掌握第一手资料更令人放心。为此他想：必须找到试验弹发动机的残骸，以便分析其质量与可靠性，为以后的研制打下坚实的基础。

“任主任，”张贵田对运载火箭技术研究院副院长兼液体火箭发动机研究所所长任新民说，“我想带几个人到新疆民丰的试验弹沙漠落点去找发动机残骸。”

“春节马上就到了，你去呀？！”任新民关切地说，“塔克拉玛干大沙漠——那地方可是飞沙走石，千里无人烟，苦得很哪！”

“再苦也得去！”张贵田斩钉截铁地说，“我就是想看看发动机在天上工作以后的真实情况，以便将来定型改进有针对性。”

“嗯……也好，你想什么时候走？”

“越快越好！去晚了流沙就把发动机残骸掩埋了。”

“行……哎！千万要注意安全，多穿衣服，那地方夜里冷得很！”

“我知道了！”

酒泉导弹试验基地距酒泉机场还有100多公里，当张贵田带领任吉杰、李香保及508所、部队等有关单位的十几位同志坐汽车风尘仆仆地赶到酒泉机场时，已经是大年三十了——飞机停飞，要到初二才有飞往乌鲁木齐的航班。张贵田和同事们滞留在了酒泉机场。

此刻的神州大地，到处张灯结彩，熙熙攘攘。阖家团圆的除夕夜，辞旧迎新的鞭炮声，此起彼伏；欢快的锣鼓声，铿锵作响。一种别样的滋味湿润着张贵田和同事们的心田。

令人难忘的是，酒泉机场为他们这些滞留的客人准备了丰盛的年夜饭——羊肉抓饭。

正月初二，张贵田和同事们从酒泉飞到了乌鲁木齐，接着又从乌鲁木齐飞往和田。从飞机上往下看，结冰的天池晶莹得似一块巨大的白玉盘。四周群山环抱，挺拔、苍翠的云杉、塔松，漫山遍岭。天池东南面就是雄伟的、海拔5445米的博格达主峰。主峰左右又有两峰相连，三峰并起，突兀插云，状如笔架。峰顶的冰川积雪，闪烁着皑皑银光，神峻异常，湖光山色，美不胜收。

一会儿，飞机下面的塔克拉玛干沙漠就像千千万万个非常巨大的罗圈椅整齐地摆在大地上一样，沙丘宛若憩息在大地上的条条巨龙，呈现着各种蜂窝状、羽毛状、鱼鳞状。塔克拉玛干沙漠，位于新疆南部塔里木盆地，维吾尔语意为“进去出不来的地方”，当地人通常称它为“死亡之海”。整个沙漠东西长约 1000 余公里，南北宽约 400 多公里，是中国境内最大的沙漠，也是世界第十大沙漠，故被称为塔克拉玛干大沙漠。

当飞机在昆仑山北麓的和田机场降落后，张贵田和同事们就住在酒泉导弹试验基地落点搜寻队的指挥部。部队的同志很热情，准备了丰盛的羊肉来招待他们。剁成块的羊肉，放上辣椒及其他各种调料，吃起来味道既独特，又鲜美。

就这样，在维吾尔族向导的带领下，张贵田带领着同事、部队战士共 20 多人，10 多匹骆驼驮着人、水和生活用品，走进了大沙漠。

映入眼帘的大沙漠，看不见一棵树，看不见一片草，就连鸟儿都不敢在沙漠上空飞过。天空中没有一片云，蓝盈盈的。在风的驱赶下，黄沙聚集成细小的浪头向前挪动着。走到沙丘窝窝的时候，一片死寂，没有任何声音。骆驼队整整走了一天，才到了落点。晚上就住在一个干涸的河沟里。塔克拉玛干沙漠里的河沟比较奇怪，不像内陆的河流两岸的坡度比较平缓，这里的河沟都是直上直下的岸沿，这也不错，还稍微背点风。

“河边长的这些奇形怪状的树，叫啥名字？”张贵田问部队带队的王连长。

“这叫胡杨树。”王连长回答，“它是塔克拉玛干沙漠的生命符号——一千年成树，成树一千年不死，死后一千年不倒，倒后一千年不朽，是塔克拉玛干沙漠活着的化石。”

“噢——这就是胡杨树！”张贵田感叹道，“以前只在书里知道它的名字，今天才亲眼所见。”

说话间，大家已经用捡来的红柳、骆驼刺当柴禾烧，把行军锅里的挂面煮熟了——其实也是半熟，吃起来黏糊糊的。沙漠的夜里特别冷。虽说张贵田和同志们都穿着老羊皮的大袄，戴着皮帽，脚上穿着毡靴。没有被子，就用大袄一裹，在河沟背风处一堆堆骆驼刺旁顺势而睡。然而，睡不了十几分钟就被冻醒了，于是大家就围着点着火的狼牙刺堆，一边烤火，一边聊天、讲故事。夜深了，大家背靠背地在火堆旁又眯了一会儿。

天刚蒙蒙亮，张贵田、王连长已带领大家在落区一字摆开往前走，两人之间相隔十几米远，开始了“沙海捞针”行动。

在沙漠中行走，不同于在陆地上，因为沙子的流动，每前进一步，都要后退半步。由于脚面陷进沙子里，每走一步，就要拔一次，对于没有沙漠行走经验的人来说，没多久，就会感到腰酸腿疼，汗流浃背。大家互相鼓励着前行，一会儿爬上沙丘，一会儿跌入谷底。20 几个人就像一把巨大的梳子，仔细梳理着落区的沙海。

时间，在一分一秒地度过；太阳，在一尺一尺地升高。不知不觉，12 点多了。因为没有找到目标，大家既口干舌燥，又心中焦急，寻找的步伐也加快了许多。下午两点左右，张贵田因为个子高，突然看见前方的沙海里，有一个东西在太阳的照射下闪闪发光。他急忙喊：

“大家快看哪，前边好像有东西在发光！”

“在哪儿？”

“左前方，60 多米处！”

“啊！看见了！看见了……快跑！”

人们雀跃着、呼喊着，比赛似地连滚带爬，看谁先到达目的地。

终于，大家上气不接下气地团团围住了那闪光的“宝贝”——二级发动机燃烧室和机架。

此刻，它静静地躺在沙丘上，浑身上下光溜溜的，像个惹人喜爱的胖娃娃。

“我的好伙计，几天不见，你跑到这里享清福来了！走，跟我们回家吧！”

张贵田和同事们说着、笑着，小心翼翼地把它身上的沙子拂去，抚摸着它，从里到外，仔仔细细地看了一遍又一遍——内壁光洁无损，连一点高温高压烧蚀冲刷过的疤痕都没有，漂亮极了……

大家乘胜追击，四处寻找，在太阳落山前，又找到了涡轮泵、玻璃钢大喷管的残骸。

多么令人兴奋的战果啊，该找到的都找到了。张贵田和同事们带着那些来之不易的“宝贝”，在向导的带领下，找到了一条小河。流水潺潺，清澈见底，细长的小鱼儿在水中游来游去。大家洗去了连日来的征尘，真舒服啊！战士们在熊熊的篝火上，架起行军锅，做了一锅胡萝卜罐头炖米饭，大家狼吞虎咽地吃了，这才感到一阵阵疲乏袭来，就在篝火旁或席地而卧，或背靠背地沉沉睡去……

天快亮时，大家又被严寒冻醒。从远处传来野狼的嚎叫，放哨的战士手执冲锋枪在驻地四周巡视。张贵田和同事们爬起来，沿着河沟跑一圈，活动一下冻僵的身体，然后打点行装，带上“宝贝”，在缓慢悠长的驼铃声中，在大漠凛冽的寒风中，在东方天际微红的早霞映照下，踏上了归程……

参加洲际导弹首次飞行试验

朱宝荣

“东风五号”是我国洲际弹道导弹首个型号代号。从1956年10月国防部第五研究院成立到1980年5月我国洲际弹道导弹向南太平洋发射全程试验成功为止，我国第一代航天人为我国洲际弹道导弹奋斗了24年。研制我国洲际导弹的每一步都需要航天人去克服种种困难，攻克一个个技术难关。原航天部704所为了迎接“东风五号”第一发低弹道飞行试验，研究设计了479遥测地面站，并经北京市“705大会战”生产出了10套479遥测地面站配套设备。为了东风五号导弹第一发低弹道飞行试验，我们704所遥测分队在酒泉导弹试验基地及新疆导弹落区的大漠中摸爬滚打五个多月。遥测分队由黄秀清（704所三室副主任）、徐复海（所科技处调度）率领，成员有无线遥测设计员、模拟磁记录器设计员、磁记录器运带机构设计员、无线焊接工和我（数字磁记录重发器设计员）等。

一、导弹试飞，遥测先行

遥测是导弹飞行试验的眼睛、耳朵，是导弹四个系统（弹体发动机系统、控制系统、安保自毁系统和遥测系统）各仪器设备在飞行中工作是否正常的诊断系统，它要为导弹各系统设备工作运行情况提供科学数据，为各设备的改进设计和定型设计提供科学依据。

在“东风五号”第一发低弹道飞行试验前，我们必须把10套遥测设备安装在总体设计部所要求的遥测点（遥测地面站址）上，并把各设备调试到最佳状态。在首区的数据处理中心，我还要打通数字磁记录重发器与数据处理计算机的接口，确保数据处理计算机能正确处理各遥测点送来的试验磁带。根据工作量估算，479遥测分队必须比“东风五号”第一发低弹道飞行试验提前半年赴飞行试验的首区、落区、机场帮助试验部队逐一安装、调试好设备，并完成培养各设备操作手的任务。

二、弹头触地参数与两架遥测飞机

为了实现一部总体及14所弹头总体获取“东风五号”弹头触地参数的设想和实施方案，空军司令部于1971年年初配属我所两架伊尔-12型军用运输机，目的是在导弹试飞时，两架遥测飞机在离理论落点50公里上空对飞以便接收弹头触地参数。飞机停在南苑机场便于我所改装。经与机组密切配合，每架飞机装上一套479遥测设备、一台数字磁记录重发器、一台模拟磁记录器、两台变流设备，这样两架飞机就变成两个遥测飞机站。根据空军的规定，经改装的飞机必须进行起落试飞。于是有关结构、机构、电路设计和改装人员分批参加飞机起落试飞，观察各部分改装效果，然而大部分设计、改装人员登上这种机舱不密封的遥测飞机进行起落试飞时，一个个呕吐不止，下飞机时脸色惨白，但他们仍面带微笑。

为了全面检查、考验改装后的飞机遥测站的技术性能，总体要求做全功率试验。在北京做此试验，我们的频率资源有可能泄露。因此，领导决定到湖北当阳机场（这两架飞机的所属部队驻地）做此试验。

3 月上旬的一个上午，我们参试人员乘这两架遥测机从南苑机场起飞。由于这种飞机机舱不密封，受气流影响很大，颠簸很剧烈，飞行高度为 3500 米左右，飞行速度仅为每小时 200 多公里。中午在开封机场吃午饭，下午三点多钟才到目的地——当阳机场。上午在京冀上空俯视大地，见到的仍是黄褐色的一片，大地还未完全复苏。下午到了荆襄上空，俯瞰大地，绿油油的一望无际，中间还点缀着块块金黄色的菜花和耀眼的宝石般的江河湖泊，真如一幅美丽诱人的地毯。一下飞机，湿润芬芳的空气扑面而来，令人心旷神怡，飞行的疲劳一扫而光。

第二天，我们就要展开全功率试验的准备工作了。但令人遗憾的是，由于昨天 6 个多小时的连续飞行，我从清晨开始，就产生了缺氧反应，下肢软而无力。去食堂吃早餐时，竟上不了三个台阶。去机场工作时两脚无力上班车，到了机场，更上不去飞机的梯子，试验期间，每次上下飞机均靠同事们前拽后推或前推后拽。数字磁记录器重发器按全功率试验大纲计划进行调试、联试、全功率试验飞行，随着试验的进展，我的两腿力量逐渐恢复，全功率试验结束时，完全恢复正常了。在等火车的间歇，机组派车陪我们去当阳城转了一圈儿，我们在当阳桥旧址驻足凝视，似乎看到古战场的刀光剑影，听到三国时张飞的吼声。两架遥测飞机留当阳机场待命，我们参试人员乘火车回北京。这次奇特的经历永远留在我的记忆中。

三、进基地，首区装站

“东风五号”第一发低弹道发射基地是酒泉导弹试验基地。按计划，1971 年 4 月 10 日，704 所 479 遥测分队肩负重托，辞别了同事和家人，乘北京至乌鲁木齐的火车奔赴基地。我们遥测分队的主要成员年龄都在 30 ~ 35 岁之间，家里的孩子还小，有的不到一岁，有的甚至还未满月，为了这次神圣的任务，在家属的支持下，我们毅然按时出发了。经过三天两夜的辛苦旅行，穿过人烟稀少的大漠，到达祁连山脚下的清水站。翌日，我们换乘开往基地的专线列车，在戈壁滩又经一天的颠簸，才到达基地。

首区共有三套遥测站需要安装和调试，我们先进驻 41 号遥测点，与遥测中队的干部、技师、操作手（战士）同吃、同住、同工作。首先检查各单机的技术性能，数字磁记录器必须用随机所带的标准磁带校准磁头的位置，以保证机器的互换性。结果表明，经铁路运输到首区的四套设备与出厂状态相比没有太多变化。接着进行遥测站内的系统联试，同时对操作手进行系统的培训，根据机器实物和图纸边操作边讲解。最后我们与技师、操作手商讨出实战时最简单的操作步骤，对于数字磁记录器而言，导弹起飞口令下达后，只有打进带开关一个操作，防止实战时紧张误操作。我们与遥测中队的同志经过一个多月的共同努力，完成了 41 号两套设备的调试任务，也取得了装站、调试、联试的经验。技术阵地的一套设备也很快完成。在数据处理中心，我也完成了打通数字磁记录器与计算机的接口通路以及实现计算机遥控数字磁记录器的任务，并用数据处理中心的磁记录器重放 41 号和技术阵地三台数字磁记录器所录的磁带，计算机处理出的数据正确无误。我们完成了首区装站任务，历时约两个月。

四、翻天山，落区备战

“东风五号”第一发低弹道落点定在新疆塔里木盆地塔克拉玛干沙漠的无人区。落点站（六站）驻地位于南疆重镇库尔勒的郊区。20 世纪 70 年代初，从乌鲁木齐到库尔勒既不通火车，又不通民航。

1971 年 6 月上旬，我们挥师西进，从酒泉基地出发直奔库尔勒。我们在清水站乘上海至乌鲁木齐的列车，经一天多的长途跋涉，于第三日凌晨 4 点多钟到达大河沿车站（吐鲁番车站）。吐鲁番为盆地，最低海拔为 −153 米，位于天山东面。要到位于天山西部的库尔勒，必须乘汽车翻越天山。无巧不成书，当时酒泉基地正有一辆汽车和几十台卡车调往六站途中，正在该车站休息。于是经过联系，车队同意我们搭车。清晨 7 点，车队到达托克逊兵站饱餐一顿，稍微休息，备足水和干粮，9 点多钟，车队准备爬坡翻越天山。正如鲁迅所说：“世上本没有路，走的人多了就成了路。”这条路就是人们走出来的。车队爬坡逶迤前进，前车已在远远的半空中了，仿佛车在天上游动，后车还在坡底蚁行，场景非常壮观，令人惊叹。进入天山后，我们就像进入了一个大迷宫，前方的路明明被一块巨石或一座山峰挡住了，车队在曲曲弯弯拐弯后，前面又出现了路，真是柳暗花明又一村。车队在山中时快时慢地行进了三个多小时，我们欣赏了奇峰异石后出了天山。下山车速较快，但下山不久，就遇到了“翻浆道”和“搓板路”相间的路况，我们又面临着新的考验。“翻浆道”，就是道路年久失修，路基不好，在大卡车不断辗压下，车辙越陷越深，下雨后车辙中积水，车开过时要淹没半个轮子，时间久了车辙中的水就成了泥浆水，路基下的泥也会翻出。车一摇二晃地在这种路上行驶，行车速度极其缓慢，有时需人下车推行。“搓板路”使车辆严重颠簸，人坐在驾驶室中，既要防止脑袋在车颠时撞车顶盖，又要防止右胳膊撞车门受伤。我坐在副驾驶位置上，要在右胳膊处垫上衣物，一手把住座位，一手护住脑袋。走完这百十公里的坎坷道路，所有人都精疲力尽。

到达库尔勒六站遥测中队后，中队领导、技师、操作手和我们深知从北京到库尔勒的运输条件太差了，我们团结协作，严格进行单机性能检查，特别注意用标准带校正磁头的位置，然后进行遥测系统的联试。经过一个多月的努力，四套设备均处于临战状态。

7 月中旬，两架遥测机受命到达南疆乌什塔拉，毗邻博斯腾湖的马兰机场。为了复查从全功率试验后近四个月中两套设备性能有无变化，系统工作是否良好，我们遥测分队从库尔勒直奔马兰机场。当然免不了又受“翻浆道”和“搓板路”的二遍苦、二茬罪。我们和崔大队长和杨机长进行充分沟通和协调，经过十多天的单机检查、调试和系统联试，两飞机站的技术状态与全功率试验时的状态无变化，飞机站处于临战状态。复查飞机站的任务完成后，我们又回到了库尔勒落区遥测中队。

五、进遥测点，迎飞行试验

8 月中旬，我们接到进点命令。遥测点设在塔克拉玛干沙漠无人区，以弹头理论落点为圆心、半径为 50 公里的圆上的 13 号遥测点和 15 号遥测点。15 号遥测点离库尔勒六站 150 公里左右。这一天天气晴朗，万里无云，一丝风也没有。中队干部、技师、战士和我们这些协作人员每人肩挎两壶水、干粮和生活用品整装待发。

早晨7点，车队出发，前面是遥测装备车，后面紧跟着生活车、拉水车等，一行几十辆车浩浩荡荡地向13号和15号点进发。为避免车中仪器设备被强烈颠簸损坏，车队在戈壁滩上开得很慢，几十辆车在一望无际的浩瀚的戈壁滩上绵延几公里徐徐前行，与戈壁滩上特有的众多旋转的沙尘烟柱构成了一幅美丽的风景画。戈壁沙漠中的空气异常干燥，气温又高，仿佛这种干燥空气会从人体的每个毛孔吸水分似的，人们总是感到非常干渴，车队仅开出几十公里，好多人已经喝干了所带的两壶水，休息时不得不到随行的水车去接水，也顾不得是凉水了。戈壁沙漠中没水，将寸步难行。

车队经过近10个小时的颠簸，在下午5点左右，其中一分队（由景队长率领）到达15号点，另一分队（由指导员、副队长率领）在途中分道前往13号点。15号点位于硬戈壁高地上，由约十顶帐篷组成，北面门对门的两顶三开间帐篷为机房，每间机房中安装一套遥测设备，负责技师和二、七机部的协作保驾人员住在里面，每顶帐篷边上耸立着手摇式天线座。南面一排帐篷为队长、战士住房、仓库和厨房及水箱，房前为一广场，前面停放着两辆汽油发电机车和其他各种车辆。这就是我们的战场。

我们进点后，经技师、操作手和我们的共同努力，15号点上的两套遥测设备很快就处于实战状态。随后，我们驱车去13号点调机，13号点离15号点约80公里。途中要经过一个山谷，两边是高山巨石，右边的山石下有一泓清水，面积不大。司机说：“这儿就是我们水车每天拉水的地方，别看这泓清水地方不大，水就是抽不干，可供我们两个点用水。”

13号点选在一片有好多枯死老树的原始森林的边缘，附近有一面积为五六十平方米的圆形水坑，机房帐篷就支在刚整出的一块平地上，四周都是半人多高的荒草，招待帐篷支在一棵老树下面，其他的帐篷支在附近两三处小块平地上。据技师说，晚上经常有高大的野兽来喝水，也会发出很大的打斗声和吼声，汽油发电机发电时，也有野兽向这边吼叫。指导员叮嘱说：“晚上出帐篷时不要单人行动，多观察周围动静，特别要注意安全。”凌晨两点左右，我的邻床将我推醒，说被什么虫咬了，非常痛！我立即起身打开手电，两人仔细查找，终于在靠床边两层垫被间看到一只黄褐色的蝎子，它还不断伸出毒钩尾巴向我们示威。我们用筷子将其消灭。经过几天的共同努力，13 号点上的两套遥测设备也处在实战状态。

经分工，黄秀清和我保驾 15 号点，兼顾 13 号点；分队余下成员保驾飞机站。

在遥测点上工作和生活有很多困难。夏季戈壁沙漠中，中午和下午的气温非常高，实测帐篷中的空气温度有 39 摄氏度，帐篷外的地表温度为 62 摄氏度。在机房中，我们挥汗如雨。

在点上生活用水特别困难，运水车要到几十公里以外的山沟里去拉水，三四十口人一日的饮水量又很多，当然无水供大家洗澡。

后勤保障由库尔勒六站站部负责，但库尔勒与点间距离有一二百公里，戈壁沙漠的颠簸和高温天气给运输蔬菜和食品造成很大的困难。

一天，我们接到通知到指挥部开会。我们三人乘车前往，我站在敞篷卡车的车厢中，双手紧紧抓住前面的栏杆，双腿微曲着（只有双腿微曲才能缓冲“搓板路”高频颠簸）奔向指挥部。当卡车路过一个很深的沙坑时，突然倾向沙坑，巨大的惯性力迫使我松开抓住栏杆的双手，我被甩向沙坑。在这千钧一发之际，我左手又抓住了栏杆，右手抓住了车帮，才免于甩出车厢。会议结束，指挥部给我们装了半车刚从兵团农二师一个连队采摘的菜瓜和茄子，当回到 15 号点时，因高温和 180 公里的颠簸，菜瓜和茄子表面已经发黑，有的已不能食用。

每餐的菜肴特别少，有时只有炒咸菜下饭。一天，在午餐中出现了极其罕见的炒肉丝，香气诱人。听说这是 13 号点送来的一种野兽腿肉，是指导员猎到的。二机部来协作的两位同志拒绝享用，说 13 号点离罗布泊原子弹、氢弹爆炸基地较近，这种野兽有可能是从那边迁移过来的，不能保证它们不带射线污染。但我们怎能拒绝包含指导员一片心意的礼物呢？

六、捕捉锁定遥测信号

1971 年 9 月 10 日，盼望已久的东风五号导弹第一发飞行试验开始了，点火、起飞口令下达后，我们起动了 4 台磁记录器，仅几秒钟后，两台 479 遥测地面站均捕捉锁定了弹上发出的遥测信号。操作手们根据飞行时间报秒数，不断修正着两套手动跟踪天线跟踪角度，两遥测站稳定地锁定着遥测信号。15 号点两遥测站比计划飞行时间多接收到了数十秒数据。试验结束后，景队长、技师们不约而同地汇聚到我们帐篷中热烈议论了一番，认为导弹飞远了……

东风首区的领导和专家根据首区和落区遥测、外测、光测得到的初步数据分析，认为导弹点火升空后，飞行正常，弹头未落到理论落区，其他测量数据正常，结论是基本成功。“东风五号”第一发低弹道飞行试验基本成功，说明我国洲际导弹的总体方案是正确的。

距离 1971 年 9 月 10 日我国洲际导弹第一次飞行试验已经过去 40 多年了，但我参试的经历仍历历在目。“东风五号”第一发飞行试验配套的数字磁记录器是我大学毕业后负责设计、生产、型号使用全过程的第一个产品。通过参试，我对它的恶劣运输和使用环境有了切身的体会和深刻的认识。在此后设计、生产型号配套产品的每一环节，我有了高度的质量观念，这令我终生受益。

首发命中
——我国第一代空舰导弹武器系统鹰击六号研制侧记

辛黎升

经过一系列的地面准备，我们准备首发遥测弹打靶试验。试验弹的打靶，不光要考核命中精度，更重要的是要取得各种数据，包括外弹道、载机和遥测弹的各姿态参数、相对位置。所以，天气要晴朗，这样才有利于光测，风也不能过大，靶艇才能出海。各分系统试验保障人员每天都进行例行检查，等天气一好立即就可以试验。万事俱备，只欠“北风”。北风可以吹去海上雾气，观测站大都设在渤海湾的北岸，只有这样的天气才有利于提高能见度。

1982 年 6 月 19 日是首发遥测弹打靶的日子。试验队员们一大早就带上干粮、水壶，坐车奔赴试验场，到投弹的海域附近先睹为快。大家蹲在海边的小山坡上，一分钟一分钟地等待着……

下午一点多钟，大家听到了直升机的声音，这是一架负责空中录像的直升机。

“这真跟盼儿子似的！不过这也是瞎子磨刀——快了。”说这话的是三部负责弹道设计的高级工程师高庆芬同志。她历来风趣、诙谐、幽默，大家尊称其为“高老太”。

“直升机在哪儿？怎么看不见？”负责弹上指令机构的高工张志高同志擦着啤酒瓶底似的大近视眼镜问。

“你把脖子能伸缩部分尽量加长就看到喽！”“高老太”说。

转眼间一个黑点在天边出现了，逐渐变大。大家立即站了起来。不知道哪位同志带了一架望远镜，大家轮流抢着看。可就那么几十秒钟，轰的一声，遥测弹已点火向前冲去，可惜此时遥测弹离得太远，平飞高度又低，平飞弹道与天海分界线重合了，根本就看不清楚，哪儿是天、哪儿是海、哪儿是弹道。

等了一个上午，看了几十秒钟的直升机，听了一声“点火”。但大家关心的是结果，到底有没有命中目标呢？

过了大约一小时，基地光测站报告：“01发遥测弹没有命中目标：远弹道，打飞了！”人们一听，顿时像霜打的茄子——蔫了。有的浑身没了力气，一屁股又坐回了原地，喃喃道：“怎么会这样呢？”

试验队领队、院型号处助理员王万业同志说：“咱们还是打道回府吧！”大家稀稀拉拉地上了汽车。“高老太”也不讲笑话了，张志高也不调侃了。大家心里沉甸甸的，再也提不起兴致。

回到山海关，人人无精打采。回到试飞楼宿舍，脸也不洗，鞋也不脱，一个个都一头倒在床上，一把拉过被子盖住脑袋，生闷气。

听说试验队员们从靶场回来了，刚返航的飞行员兴高采烈地跑上楼，见着一个人就上前热情地握手说：“嘿！你们的导弹神了，打得真棒……”

“什么？你再说一遍。”试验队员一个鲤鱼打挺从床上跳下来。

飞行员眉飞色舞地比划着说：“导弹直接命中靶标反射体根部了！47公里呢！”

“你不是在骂我们吧？试验基地光测结果说：打——飞——了！……”试验队员不敢相信地瞪大眼睛。

“咳！光测那玩意儿啊！老不准啦！误差比靶艇尺寸都大。直升机先回来了，录像我们都看了两遍呢！直接命中！”

“噉——噉——”整个走廊、整个试验楼兴奋的喊叫声响成一片，成功的喜悦荡漾在整个机场。

雷达厂工程师小高同志，饭也没吃就跑了几公里，到市内邮局给厂里发报喜电报——“鸡飞蛋打喝烧酒”。怎么听着有点像座山雕的黑话呢?

邮局的工作人员看了半天，一个劲地劝道：“同志，你再检查一下，有没有错?”

“我咋写你就咋发吧，没错。”小高说。

邮局同志一头雾水，只好照办。

晚上，基地来电话正式通知：“经过实际验靶，证实‘六号’01 发遥测弹直接命中 47 公里目标靶艇反射体根部。第二天把靶艇拖回码头做进一步分析。”试验队决定派有关人员前去进一步验靶。对命中部位、战斗部炸点、破坏力等做记录和分析。我是负责精度和命中概率计算的，便一同前去验靶。

被 01 发遥测弹直接命中的靶艇，在拖回基地途中开始慢慢下沉，下图是在靶艇被拖回码头后拍摄的，不久它就完全沉没了。

“六号”导弹首发直接命中，揭开了我国空舰导弹研制史上新的一页。

被 01 发遥测弹直接命中的靶艇

导弹落区纪实
——记某导弹飞行试验落区搜索活动

晏耀赣

1995年夏天的一个上午，我和袁显兴、刘建桥同志乘飞机离开翠绿的京城向西飞去。此行的任务是协助落区部完成对弹头、弹体的再入观察、测量定位、回收处理残骸以及分析残骸损伤情况，以便为改进设计提供参考依据。透过弦窗，下面是一片白茫茫的云海，地面也偶露黄色山丘，旁边的乘客告诉我，这是黄土高原。当我沉思回忆八年来我们四部同事在各自岗位日日夜夜默默工作的情景时，空乘人员提醒我们目的地快到了。望窗外，一片金黄大地映入眼帘，西部，真有点荒凉。

下飞机后，烈日当空，一股热气迎面袭来，原来机场建筑在戈壁滩上，四周没有什么树，仅远处有些骆驼刺等低矮植物，它的绿色给这金色戈壁带来生命的气息。我们坐车直奔落区部的招待所。

我们和落区部有关同志交换了技术意见后，得知真正的理论落点在离驻地有上百公里的戈壁深处，发射的当天才进去。但是有些测量组的人员和设备早在两周前已到达预定位置，安置设备，调试仪器，进行技术准备等。这次比较顺利，他们已经默默地待命一周了。因为测量点四周无人烟，给养靠定期送去，甚至包括水。

确定弹头精确落点是至关重要的，它是决定导弹射程和精度的重要数据，但要在戈壁滩上找到落点并非易事。只有精确测量，确定其较准确位置再去找，就相对容易了。十多年前我曾参加过末区寻找工作，耳听眼观（落地的火光）后，开着卡车在戈壁滩上来回找，有时一天也找不着。戈壁滩不刮风时，空气的能见度好，两千多米外的落点火光和烟尘，往往像是在数百米以外，错误的判断导致难以找到弹着点。现在落区部已有无线电和光测设备，弹头飞临落区上空即可抓住目标，跟踪它直到落地，这样能很快测量出其位置，搜索范围小多了，落点很容易找到，因此能很快确定导弹的射程和偏差。

预定的发射窗口（时间）到了，当日下午我们随车前往观察。测量点四周是一样的景象，褐色不平的地面稀疏地长着一簇簇骆驼刺，若不是高悬的太阳，真的难以分清东西南北。烈日当空，阵阵热浪吹进车内，车上的温度计显示的是 41.2 摄氏度，但是身上却没有湿淋淋的汗水，因为汗一出来就蒸发掉了。

下午七点半，终于到了航线南侧的预定观测点。我们所在位置距离理论落点五六公里，某种意义上讲，离这么近有一定的危险性。

大家迅速而有条不紊地忙碌起来。通讯组的同志手脚麻利地架起天线，与落区部联系；有的战士挖坑埋锅准备烧水，有的去拾枯死的胡杨干枝当柴火；我随光测组的人员到了一个三四米高的小坡上，架上仪器，调好观察方位。

八点多钟，司务长给大家分发晚餐，每人两包方便面和一根火腿肠。当我想用开水泡面时，发觉锅里的水是黄汤，原来烧水时有阵阵小风将尘土刮入，大伙说这是老天给下的调料。肚子已经闹意见了，大家也不管三七二十一了，用黄汤泡面。

将近十点钟，天空才慢慢暗下来，首区预定的发射时间是晚上 11 点。我们来到自己的岗位上，静静地等待着。不一会儿，现场指挥下令关闭照明灯。观察点一片漆黑和宁静，戈壁滩的夜晚是如此美丽，连天空的星星也躲了起来，这对光测来讲是最理想的观察环境。突然有几只蚊子在耳边嗡嗡叫，在这仅长着几颗骆驼刺的荒漠里，没有水，不见飞鸟和昆虫，怎么冒出蚊子来？它们如何生存？世界真奇妙！

指挥车向我们传来首区“30分钟准备！”的发射口令，我们这里现场指挥再次下令检查各设备状态。指挥车里接着又传来首区的发射指令，“3分钟准备！”……“1分钟准备！”……“发射！”我们默默地注视着东边的天空，时刻搜索天空来客的行踪。突然，不知谁喊了一声“来了！”右上方的天空中闪现一道白光，像流星一样，三四秒钟后又消失了。事后从测量中得知，那是二级残骸燃烧的火光。

几秒钟后，正上空出现流星状光迹，并且逐渐向下降落，经验告诉我们，这是弹头飞行轨迹。当我正在欣赏时，地面突然发出浅蓝色亮光，四溢的强光像一朵巨大光花，这是弹头落地引起摩擦的火光，足足持续了两秒钟。可惜我没有带相机，无法摄下这美丽的一刻。十多秒钟后，传来隆隆的弹头撞击地面的声音。

发射成功了，整个观察点上沸腾起来，掌声、欢呼声响成一片，不知何时，车上的照明灯全亮了。战士们立即拆收设备，并将有关数据送到数据处理车上，以便最后算出准确位置。接着车队撤离现场。

当我们的车队到达集中点后，时间刚好是零点十分，别的观察点的同志也陆续回来了。大家就在这戈壁滩上过夜了，将昨夜带的剩余食品消灭掉，肚子加“油”了，人也有了精神。

性急的王指挥在大队人马安顿之后，又悄悄地带上两辆车去寻找弹头落点具体位置。十多分钟后，远方升起绿色信号弹，按事前约定，说明找到了弹坑。已是夜里两点了，弹头落点的准确位置只有等天亮后进行大地测量后，才能知道这发导弹的精确射程和偏差。若是弹头里装有遥测记录装置，还需要把弹头从弹坑里挖出来回收，这全靠战士们用铁锹挖，用手刨。有时弹头钻入地下三四米深，遇上流沙层，一边挖，砂石一边往下滑落，干得特别辛苦。

带着胜利的喜悦，我们在汽车的座椅上或地板上安然入睡。夏日戈壁之夜十分凉爽，与白天烈日炎炎形成鲜明对比。

一觉醒来，天已放亮，东边地平线上露出一线浅红，不久跃出小半圆的红色太阳，戈壁的日出十分美丽壮观。今天的任务除小部分人去测量弹坑的精确位置外，其余人和车将去寻找二级残骸。虽然从无线电和光测中知道其大概位置，其误差也以公里计，且与理论落点相差十多公里，原因是二级以上结构和材料有很大变化，所以计算就不准了。确切地了解导弹试验情况，寻找残骸进行分析，对改进导弹设计很有意义。

车队滚滚向东驶去，举目四望，寻找小小残骸真像大海捞针。车行二十余公里后，左边山脚下有一座小屋，我们乘车去察看。询问小屋主人得知，昨天半夜听到东边有一声巨响，却未见散落的东西。

我们又向东行驶了十多公里，发现有个绿色小村落。我们决定先去了解情况。到村口询问，得知昨晚村外确有一东西从天而降，火光冲天，吓了他们一跳，善良的村民又带我们去看“天外来客”。当我们发现是烧焦的二级残骸时，心中无比激动，又十分感慨——你为何离我们预计的落点相差这么远？

我们仔细观察残骸情况，拍照并做了记录，选择有代表意义的实物带了回来，以便让未见过残骸的同志增加感性认识，进一步改进部段结构。我们的任务终于圆满完成。

2 火箭篇

中国首枚探空火箭纪实

朱　晴

提起中国的探空火箭，不能不提到一个人——空间技术专家王希季。王希季是中国空间事业的创始者和组织者之一，是我国第一枚液体燃料探空火箭及其后的气象火箭、生物火箭和高空试验火箭的技术负责人。他还创造性地把我国探空火箭技术和导弹技术结合起来，提出我国第一枚卫星运载火箭的技术方案。他在我国火箭探空方面做出了重要贡献。

在中国航天事业起步的第二年，37 岁的王希季被调到上海机电设计院工作，担任运载火箭研制工作的技术负责人。当他拿着介绍信前往位于淮海中路的淮中大楼报到时，意外地发现出面接待自己的设计院副院长竟是西南联大的同学杨南生。

在联大读书时，两个人虽然不同级，却同为系足球队的主力队员。当年在足球场上，杨南生是眼准手稳的守门员，王希季是腿快脚狠的右前锋，一个沉着机敏，一个快捷勇猛，两个人既配合默契，又各领风骚。

从此，王希季配合杨南生翻开了中国航天史上重要的一页。

一、火箭研制遭受挫折

刚开始，他们既不具备专业知识和实践经验，又缺乏相关参考资料，只能赤手空拳，探索前行。在这个全新的领域，他们设计的第一台运载火箭发动机，用的竟然是连苏联、美国等航天技术已有相当基础的国家都未曾采用过的液氟、甲醇高能推进剂。

不懂就学。他们对热力学、燃料学、空气动力学、结构力学和涡轮机等方面的理论都了解，欠缺的主要是火箭方面的知识，以及综合利用诸多知识的实际工作经验。

不但自己要学习、要运用、要精通，还得让年轻的技术人员会学习、会应用、会实践，他们肩上的担子委实不轻。有许多以前没有接触过的新东西，常常是头一天晚上通过啃书本刚刚掌握，第二天白天就得给大家上课传授，他们戏称自己这是“现买现卖”。

除了王希季、杨南生随时把自己所掌握的知识尽量传授给手下的技术人员之外，设计院还从中国科学院和一些高等院校请来专家讲课，系统地为大家讲授空气动力学、飞行力学等相关的理论知识。

虽然所学专业是动力方面，但王希季是主管运载火箭研制的，发动机之外的图纸也需要一一把关。极大的热情，极高的干劲，使他每天的工作从未在午夜前结束过。遗憾的是呕心沥血、废寝忘食地工作，却没能收获成功的喜悦。

他们为发射卫星而设计的代号分别为“T-3”“T-4”的第一二级火箭，完成了方案设计后，由于存在众多问题，也仅止于纸上谈兵，并未上天。

很快，中科院党委根据中央的指示精神，决定暂停大型运载火箭和人造卫星的研制，先以探空火箭练兵，以便通过实际工作了解空间技术和培养相关人才，为发展人造卫星奠定基础。

二、“T-5”研制，探空火箭成展品

“T-5”是一种比“T-3”小得多、有制导系统的探空火箭，虽然不能用

来发射卫星，但可用来做飞行试验，并由此进一步掌握火箭技术。

相对当时我国的国情，“T−5”仍然算是一枚技术指标很高的火箭，采用挤压式液体燃料发动机做动力装置，推进剂用的是液氧和酒精。为保证火箭飞行稳定，箭体尾部装有四片尾翼。箭体内装有自动控制系统，用操纵燃烧室喷气方向来纠正航向偏差，用自动操纵副翼控制火箭的滚动。

研制工作开展得非常艰苦，在许多基本条件都不具备的情况下，他们只好土法上马，没有电子计算机就用电动计算机来进行计算。为了计算一条弹道，几个人硬是夜以继日地干了两个多月时间，计算用的纸堆起来比办公桌还高。

大家一起潜心研究探索，认真分析论证，为了一个技术问题或一个大胆设想，各抒己见，有时甚至会争论得面红耳赤，过了吃饭时间也不知道饿，忘了喝水也不觉得渴。在那些问题成堆的日子里，每天晚上办公楼里都是灯火通明，等到王希季带着一班人拖着疲乏的身子走出来时，早已到了明月西沉、夜阑更深的时刻。

千方百计地攻克了在当时看来难度相当大的一些技术问题，终于完成了T−5火箭的设计、制作和总装工作。然而，难以逾越的障碍又一次像拦路虎一样挡住了前进的道路，研制工作不得不陷入停顿。

摇摆发动机没有低温推进剂试车台，又不具备供应、储存、运输和加注液氧的设施，发动机无法试车；试验所必需的一些仪器设备因不齐全而无法配套，火箭上用的柔性低温管直到总装时还未能找到……

“T−5”的研制工作被迫中止，这枚相当现代化的探空火箭，最终成了一件漂亮的展览品。

经过认真反复的思考之后，杨南生和王希季向组织提出了建议：“从国情出发，从零开始，由小到大，以技术难度比较小的无控制探空火箭为突破口，从培养队伍、技术练兵做起，积极稳妥、循序渐进地创造条件，在适当的时候再开始运载火箭的研制。”此建议恰恰与当时国家与中科院“学本领、打基础、培人才”的方针相符。

上海机电设计院党委采纳了他们的建议，报上级批准后迅速执行，在总结经验教训的基础上，做出了研制工作由小到大、逐步发展的决定。为了能够在短时间内取得突破性的进展，他们暂时抑制住向太空腾飞的渴望，一步一个脚印、循序渐进从陆地开始走起。

以后的实践证明，这是一条发展我国空间技术的正确道路。

尽管“T-5”因外部条件不具备而未能最终完成整个研制过程，但它毕竟是我国第一代航天人以心血浇铸出来的“处女作”，是我国自行设计制造出来的第一枚液体燃料火箭，在几乎空白的中国航天史上有着走墨留青的意义。

1959 年 12 月 6 日，刘少奇主席在上海市委领导的陪同下视察“T-5”火箭的研制生产情况。

刘少奇主席对发展探空火箭给予了充分的肯定。他在听王希季汇报了“T-5”研制被迫中止的情况后，关切地问：“你们有没有考虑做一些比这小一点的火箭？这样研究起来就会容易得多，经验也容易得到。”

王希季回答：“明年我们就要搞一个更小的火箭。”

三、一切为了探空火箭

王希季所说的更小的火箭，就是型号为“T-7”的无控制（不用姿态控制系统，而靠飞行弹道的风力控制）探空火箭。这次，他们采用稳扎稳打的战略战术，为了“T-7”能够顺利发展，决定先做一个“T-7”缩比的模型火箭“T-7M”。

虽然“T-7M”技术相对简单，但“麻雀虽小，五脏俱全”。确定了新的奋斗目标，王希季和杨南生带着年轻的队伍又开始了新的冲锋。两个人的分工也各有侧重：杨南生主要负责大工程系统的研制，王希季主要负责火箭的型号研制。

兵分两路，杨南生率领一批人马奔赴上海市郊南汇县老港镇东边的一处海滩，手拉肩扛艰苦地修建发射场；王希季带着设计人员下厂设计研制，展开紧张的技术攻关。

当时国家很困难，给“T-7M”项目的经费很少，研制条件十分简陋。

没有发动机燃料系统实验室，王希季找遍设计院的每一个角落，最后看中了厕所门前约 5 平方米的小天井，在那里搭起了液流试验台，测试室则就近由厕所改装而成。他们就在这个空间狭小、气味不佳的地方进行液流试验，获取重要数据。

与“厕所测试室”有着异曲同工之妙的是“碉堡试车台”。火箭发动机试车有高压气、有毒气体、高温火焰，还有爆炸、中毒和起火的危险。因此，试车台必须有防爆、防毒和防火措施。在时间和财力都不允许新建的情况下，杨南生在江湾机场内找到了一座当年侵华日军废弃的旧碉堡。

寒冬腊月，科技人员提水和泥，搬砖砌墙，全都当起了“泥瓦匠”，很快就利用碉堡的夹道，建成了一个防爆、防毒和防火的发动机试车台。碉堡隔出一块作为热试车时的测试室，工作人员和参观人员可在测试室或碉堡外观察试车。

作为技术负责人，王希季恨不能一天24小时都用在工作上。火箭的图纸有上千张之多，他一张张认真审核，发现问题马上请设计人员逐一修改，改后还要再详细审查一遍，一个细微的疏漏也不放过，直到确保丝毫无误。

遭遇三年困难时期，饥饿是亿万中国人普遍的感觉，研制火箭的人也不能幸免。每人一个月20多斤口粮，缺油少肉没鸡蛋，连青菜都无法满足需要。他们每天吃烂糊面就咸菜，常常在半饥饿状态下工作到深夜。不少人因营养不良而得了浮肿病，但大家没有一句怨言，照样勤奋工作，毫不松懈。

四、探空火箭冲上云天

1960年2月19日，中国第一枚完全自己设计、自己制造的液体推进剂探空火箭完成了发射前的一切准备工作，静静地伫立在20米高的发射架旁，只待一声令下，腾空而起，奔向那神秘的天际。

几天前，王希季一行乘敞篷运货卡车到达老港后，又步行来到这里，吃的是粗茶淡饭，住的是临时搭建的简易工棚，睡的是稻草铺成的地铺。旷野的寒风并未影响大家的工作热情，火箭发射前的准备工作紧张而有序地进行着，每个人都干得精神抖擞。

这已经是第二次发射了，中科院副院长张劲夫、秘书长裴丽生和力学所所长钱学森等人都来到现场督战。

站在简陋的指挥所中，王希季的心情远不是用激动二字能描述的，兴奋中夹杂着些许不安，充满自信却又略存惶惑。

由于条件的限制，发射火箭所必需的许多辅助设备都是代用品：控制火箭头体分离的定时装置，是由一只价值 7 元的小台钟改装成的；火箭点火装置是将手电筒的小灯泡敲碎，取出灯丝裹上硝化棉制成的；没有吊车，火箭就用类似于辘轳那样的绞车吊上发射台；没有推进剂加压设备，就用自行车打气筒作为压力源，一下一下地将推进剂压入贮箱中；没有自动的遥测定向天线，就靠几个人用手转动天线来跟踪火箭。就连这些代用品，他们也无力购置齐全，许多东西都是从兄弟单位借来的。

“指挥所”距离发射架有百米左右，是田埂上用砂土包垒成防护墙的草棚。用芦席围成的“发电站”以油布篷为顶，里面一台借来的 50 千瓦发电机就放在地上。“指挥所”和“发电站”两处中间隔着一条蜿蜒的小河，水面上还漂浮着枯枝败叶。

来不及架设通信线路，没有扩音器，没有步话机，也没有电话。不论是总指挥下达命令，还是各环节进行联络，要么靠扯着嗓子高声大喊，要么借助手势向对方示意。

16 时 47 分，一切准备就绪。随着总指挥王希季的一声令下，火箭点火后顺利地沿着发射导轨腾空而起。人们翘首观望，只见“T-7M”在滚滚浓烟中呼啸飞奔，随着发动机喷射出来的刺眼白光直冲云天——发射试验成功了！

紧张地目送着火箭从视线中消失，王希季和杨南生激动地跑出指挥所，不顾指挥时已经喊得沙哑的喉咙，与众人一齐忘情地雀跃欢呼：“成功了！成功了！”

成功了，终于成功了！他们成功地从“T-3”“T-5”的阴影中走了出来，成功地选择了一条正确可行的前进道路，成功地将中华民族的第一枚液体推进剂探空火箭推向曾经高不可攀的云端。

这枚试验型液体推进剂模型火箭，自 1959 年 10 月 10 日确定方案开始研制，仅用了三个月时间就完成了第一枚主火箭的总装，不到半年时间就发射成功。这是我国探空火箭技术取得的第一个有工程实践意义的成果，研制队伍得到了全面的锻炼，也取得了许多宝贵的实际经验，为下一步的“T–7”研制奠定了基础。

虽然“T–7M”的飞行高度只有 8 公里，但这短短的 8 公里在我们国家的航天史上，却有着重大的里程碑意义。它标志着我国向太空的征程起步了。

跨入航天大门的一段往事

戚南强

1958年，在党的八大二次会议上，毛主席发出了“我们也要搞人造卫星”的伟大号召。同年8月，中国科学院以力学所为主筹建了第一设计院，它是为发射人造卫星负责运载火箭研制的总体单位。由于上海市的科技力量较强、工业基础较好和生产协作条件较为方便等有利条件，在上海市委、市政府的支持下，第一设计院于当年11月迁来上海，命名为上海机电设计院，并迅速从本市设计院所、高等院校、工厂和机关抽调干部、科技人员、大中专学生充实力量。

我当时在上海水力发电设计院任技术员，刚刚结束新安江水电站进水口大型液压启闭设备的设计。12月初的一天，院党委领导通知我借调去一个单位，至于承担什么任务，他也不清楚，只说十分重要。在一个晴朗的冬日，我手持介绍信，到淮海中路1162号淮中大楼报到。这是一幢八层楼的高级公寓，除了办公桌、保险柜，里面什么都没有。在大门口没有牌子，报到后才知道这是机电设计院，属于保密单位。“水电”和“机电”虽一字之差，其内容却是天壤之别。我从此跨入了航天大门，走上了50年的航天之路。

由于任务的特殊性，进院第一堂课就是接受保密教育。搞什么任务是绝对不能向家人和亲朋好友说的；住集体宿舍的人晚上外出要两人同行；笔记本等资料每天下班前必须放入保密铁柜；有字迹残留的纸片要集中烧毁处理，为图方便，有人将纸片扔进马桶里，经常弄得管道堵塞，还受到市房管部门的批评。

为了尽快熟悉和了解航天知识，我好不容易买到一本苏联科学家写的《火箭技术导论》。考虑到晚上回原单位宿舍阅读方便，特地装了个书套，在封面上写上当时风行的《青春之歌》的书名，以掩人耳目。

当年的保密教育和保密制度使大家养成了保密习惯，“保守机密，慎之又慎”一直伴随我们以后几十年的工作生活，牢记不忘。

那时我们大都20岁左右，年龄稍长的党委书记艾丁（原上海机床厂厂长）、主持工作的副院长杨南生（力学所研究员）、总工程师王希季（上海交通大学教授）当年也只有30多岁。即使这样的年龄，同事们都要称呼其“老某某”了。来自全国各地、四面八方的年轻人怀着为祖国争光、为民族争气的雄心壮志聚集在黄埔江畔，走上了神秘、光荣而又十分艰辛的航天历程。初生牛犊不怕虎，在当年“大跃进”的形势下，有位大学生在黑板上即兴画了一枚大火箭，并写道“今天画在纸上，明天拿到手上，后天放到天上”，这就是我们当年的心愿和梦想。陈列在淮中大楼的火箭模型，大的有一米多高，人弯着腰可以进去。介绍者说，1959年时就要把它送上天，向国庆十周年献礼。

研制之初，我们面临的难题是很多的。我国工业基础十分薄弱，缺乏必要的研制条件和航天专业人才。除了钱学森等少数同志外，大家都没有航天的专业知识，对航天专业理论知之甚少，又缺乏实践经验，没有可供参考的实物和图纸资料，仅有少量国外的图片和报道。许多人第一次听到现代航天学和火箭理论奠基人、苏联科学家齐奥尔科夫斯基的名字和他“地球是人类的摇篮，但是人类绝不会永远躺在这个摇篮里，而会不断探索新的天体和空间”的名言。没有技术装备和配套设施，要想搞研制试验，既无场地，又无设备，

戚南强

都是请空军十三厂、上海柴油机厂、上海汽轮机厂、上海锅炉厂、上海机床厂、江南造船厂等单位协作。

设计院按专业成立了总体（一室）、结构（二室）、自动控制（三室）、发动机（四室）和后来的回收测试（五室）等研究室以及各职能部门。我当时被分配在三室，不久担任环境试验组组长，负责各种环境试验设备和实验室的筹建工作。我从原来搞水电站的机械设计到搞上天产品的试验工作，开始很不适应。在当时的国际环境下，这些设备不可能从国外引进，有的国内也没有生产，我们就到图书馆找资料，跑科研单位请教，下工厂实地考察，到物资部门了解材料品种规格等，依靠我们自己的力量设计制造。

搞科学必须实事求是，遵循科学规律。根据当时研制大型运载火箭与国力不相称的实际情况，1959 年下半年设计院党委根据上级领导指示，及时调整了计划，改为研制直径 0.45 米、飞行高度 100 公里左右的探空火箭，代号“T–7”。为了积累经验，先研制一个直径 0.25 米、长 5.3 米、飞行高度 8~10 公里的 T–7M 缩小型探空火箭。在少数工程师的带领下，当时平均年龄不到 24 岁的年轻人，克服了种种困难。为了发射成功，大家千方百计地想办法，因陋就简，不求先进，只要可靠实用。如推进剂加注，利用自行车的打气筒进行加压；控制爆炸螺栓点火时间，用小台钟改装成延时机构；把手电筒小灯泡敲碎，取其钨丝裹上硝化棉制成点火装置；发射现场没有通讯设备，大家就靠大声喊叫和手势联络，等等。通过大家的不懈努力，“T-7M”终于在1960年2月19日在南汇老港一个简陋的试验场发射升空，获得成功，它成为我国航天系统最早飞向蓝天的飞行器。

1960年5月28日傍晚，上海延安西路200号锦江小礼堂。毛主席视察了T-7M探空火箭实物，称赞说：“8公里，那也是非常了不起的呀！”“我们要20公里、200公里地搞上去！”广大年轻科技人员备受鼓舞。据我所知，毛主席始终关怀我国航天事业的发展，但亲自视察航天产品实物，这是唯一的一次。毛主席视察T-7M探空火箭的珍贵照片刊登在众多航天书籍首页或陈列在航天展览馆入馆处的显要位置。1960年9月，T-7探空火箭在安徽广德603试验场成功发射，箭头顺利回收，由此揭开了上海航天事业的序幕，之后又进行了30多次气象探测、电离层、生物等火箭发射试验，为我国探空技术发展迈出了重要的一步，也为1961年8月上海市第二机电工业局（上海航天技术研究院前身）的成立做了思想上、组织上和队伍上的准备，开启了上海航天的新征程。

自1958年毛主席发出“我们也要搞人造卫星”的号召至今，已经历了50多个春秋。我们分享过胜利和成功的喜悦，更经历过挫折和失败的痛苦，深知创业之艰难。中国航天人怀着富国强军的决心和跻身世界航天先进行列的理想目标，通过几代航天人的前赴后继、艰苦奋斗，取得今日航天事业的辉煌成就，就是从当年白手起家、土法上马逐步发展起来的。记得在我国首枚探空火箭成功发射50周年之际，我和八院《航天报》游本凤总编辑拜访了当年的总工程师、中国科学院院士王希季，他回顾起这段往事时，十分感慨地说：“现在想想，那时的条件确实很艰苦，设计和加工手段也非常落后。虽然土归土，但我们严格按科学规律办事，根据当时的实际可能，做各种试验时都非常严谨。如计算弹道，我们用的是手摇计算机，二三十人白天黑夜连轴转，用了两个多月才算完。又如我们对于容器贮箱的设计，也一直通过试验来验证，让其承受压力，一直做到爆炸为止。再如发动机试车，是在上海江湾机场一个抗战时期留下的废旧碉堡里进行的。一次次地试，究竟试了多少次，最后我们也记不清了。各个环节都通过试验，来验证系统的可靠性和安全性。”虽然我们今天的科技水平和物质条件与以往不可同日而语了，但这种自力更生、自主创新、顽强拼搏的奋斗精神，仍然值得我们传承和发扬。

50年前和我们共同战斗过的年轻人，今天大都退休养老了；有的已经作古，永远离开了大家。但他们贡献了一生中的美好年华并为之奋斗的航天事业青春常在，蓬勃发展。我作为亲历过这段历史的航天人感到由衷地高兴。祝愿中国航天事业日新月异，前程似锦，为实现航天强国的奋斗目标做出更大的贡献！

固体发动机助推东方红卫星翱翔太空
——长征一号火箭发动机研制回顾

杨南生

2011年4月24日，是我国第一颗人造地球卫星——东方红一号成功发射40周年纪念日，四院研制生产的长征一号运载火箭第三级固体发动机对卫星的成功发射起到了至关重要的作用。时光飞逝，但当年研制、攻关的情景仍历历在目。我作为当时的技术指挥者，在这特殊纪念日到来的时刻，对当年研制、交付和发射时的情景做些回忆，以飨读者。

一、“干打垒”里搞设计

四院在建院初期经过多年的艰苦探索，成功研究出一种聚硫橡胶复合推进剂配方，进行试验型固体发动机研制。这种发动机直径只有大约300毫米，研制它的目的不在于实际使用，而是希冀经历一个发动机研制全过程，积累研制经验，探讨研制规律，总结研制程序，掌握研制技术。1965年7月到8月，通过了6发飞行试验考核，胜利结束了该型发动机的研制。

在300毫米发动机研制成功之后，四院开展了直径770毫米发动机的研制，极力想把这型发动机用于实际。恰在这年，国家制定了发射我国第一颗人造地球卫星的计划，据此，长征一号运载火箭的总体部门决定使用固体发动机作为第三级。于是，从1966年开始，四院展开了我国第一型可用于实际的固体发动机的研制。

这个时候，四院刚从四川泸州搬迁到还在建设中的内蒙古基地。当时，这个基地只有一片黄沙中点缀着的几处空壳厂房，再加上几栋单身宿舍楼和一个用芦席搭建的食堂。至于生产条件，则只有一条拼凑起来的临时装药生产线。内蒙古基地的生活条件更是艰苦到苦不堪言的地步，那几栋单身宿舍楼成了睡觉吃饭、学习办公、设计画图的“综合楼”；有家室的人员则分散借住在基地周围几公里范围的农户家里，这些住房都是土坯垒砌的“干打垒”；一日三餐几乎天天是窝头就土豆或白菜；再加上塞外的气候，地冻天寒、飞沙走石，真够人受的。但这一切困难没有吓倒四院人，整个队伍满腔热情、乐观愉快地投入生活和工作。

发动机直径从300毫米一下子跨到770毫米，无疑是巨大而艰难的一步；总体部门提出的总冲和质量比等技术指标，对于新生的固体发动机来说，无疑也是严峻的；加之工作环境是高空，要按要求旋转；而且要求1968年交付，困难是可想而知的。但是这些困难没有吓住四院人，我们充满信心，知难而进，奋勇攀登。

我们首先确立了“实事求是、立足现实、力求先进而不盲目追求先进”的设计指导思想。据此确定了选择技术和材料的原则，对于再努力一下即可拿到手的技术和材料，力争使用；对于虽然已有进展但离成熟还较远的技术和材料，不盲目使用。

二、“文革”风暴中忙攻关

设计出图后立即投入试制。此时是1967年，全国正漫卷“文革”风暴，正常的工作环境受到影响，本来就困难重重的试制工作更加举步维艰，既要克服条件差带来的困难，求解技术难题；又要排除动乱的干扰，扫除人为障碍。在 111 厂和 211 厂协作的发动机壳体试制，因为所用钢的硬度大、焊接性差，遇到了很大困难。四院派往协作厂的小分队与协作厂的工人和技术人员，付出了很大的心血，才攻克了这个难题。在攻关的过程中，他们要冒着动乱，有可能危及生命安全的危险。在工作秩序受到干扰的情况下，为了维持试制，我和机关的有关人员搬到生产区域去，吃在那里，住在那里；汽车没有人开，我们就骑上自行车在各厂所站之间奔波；工作场所里常常空无一人，都搞运动去了，但是像装药生产这样的事情，一旦开始了就不能停，必须有人在岗位上坚守，遇到这种情况，我和机关的同志就挨门挨户去动员工人上岗工作。试制工作就这样磕磕绊绊地向前推进着，但是始终没有停滞，这是值得庆幸的。

与试制同时进行的试车条件准备，如高空模拟和旋转试车设施的建设，提高测试精度的研究等，也是在这样的局面下艰难地进行着，同样是一步前进，一番辛苦。

在此期间，解决的一个根本性的技术难题是装药裂纹问题。我们指导药柱设计人员引入了粘弹性理论，分析装药产生裂纹的内在原因，逐渐解开了这个谜，认识到复合推进剂在慢速变形下的延伸率低于某个数值时，便适应不了装药固化降温过程中所产生的热应力，就会导致装药产生裂纹。基于这一认识，遂对复合推进剂增加了高温慢速拉伸下的延伸率这样一项指标，要求它必须达到发动机所要求的水平，从而保证发动机装药不会产生裂纹。实践证明，这样做的确从根本上彻底解决了装药裂纹问题。

三、三年拿出“真家伙”

困难压不倒英雄汉。第一台 GF-02 厚壁发动机终于在 1967 年年底研制出来了，基本上符合质量要求，只是有些局部脱粘现象。在管理人员、技术人员和工人师傅“三结合”攻关的努力下，摸索出一套修补脱粘的灌浆方法，问题解决了。这时候卧式旋转试车设施还未建成，便用简易的立式旋转试车台于 1968 年 1 月 26 日进行了旋转试车，但是试车失败了。于是大家认真地进行分析，结果发现是因为旋转致使发动机头部沉积了过量的来自燃烧产生的三氧化二铝颗粒，导致头部壳体过热而烧穿，燃气遂从这个穿孔处喷射出来，便把发动机推离了试车台。随后，针对这个原因，我们决定对壳体绝热层的设计进行改进。

改进之后，分别在1968年7月和11月，试制了两台发动机，用抢修起来的立式试车台进行了试车。7月的试车，发动机全程工作正常，时间达41.8秒，唯一遗憾的是因试车台线路故障使发动机未能旋转。11月的试车获得圆满成功。但结果分析表明，三氧化二铝的沉积量仍然有些偏高，隐藏着一定危险性，还需要做进一步改进。为了改进，推进剂研究人员突击做了实验，据此决定对推进剂配方加以调整，在确保稳定燃烧的前提下，适当降低铝粉含量；同时与总体部门做了协调，把发动机旋转速度减小。此后的多次试车结果证明，这样的改进可使三氧化二铝的沉积量降低到合理程度。另外，1968年，在七机部第八设计院的协助下，使用探空火箭发射到高空，完全验证了点火系统的高空工作可靠性。

1969年开始发动机正样研制。这年是“文革”动乱最厉害的一年，也是我们最紧张、最艰难的一年。我们的研制队伍迎着困难，排除干扰，坚定步伐，奋勇前进，硬是在这一年里试验了15台发动机，包括在卧式旋转台上和高空舱内的热试车，当年9月，如期给总体部门提供了3台发动机，参加了在北京进行的全箭联合试车。结果表明，发动机全部合格，完全满足总体要求。

1970年年初，我们又进行了一次高空模拟条件下的旋转试车，依然获得圆满成功。此后即开始了交付状态发动机的生产，完成之后便结束了该发动的研制工作。在整个研制过程中，一共对19台发动机进行了试车，其中有5台是进行的高空模拟试车，最后5台是连续成功的。作为从直径300毫米的试验型小发动机一步跨越到直径770毫米的较大型实用发动机，能取得这样的成果，科研人员很受鼓舞。从研制启动到发射成功，仅仅用了3年时间，这样快的研制速度，在世界航天史上不能不说是个奇迹！

东方红一号卫星发射在即，4月中旬，我和钱学森、李福泽、杨国宇、任新民、戚发轫等同志一道从发射基地赶到北京，向周总理等领导同志汇报关于卫星、火箭发射前的测试与准备情况。此后，中央批准了卫星发射。

1970 年 4 月 24 日，那个让中国人自豪和振奋的日子。那一天，我率四院试验队在酒泉导弹试验基地参加了卫星发射，圆满完成了发射准备工作。当长征一号火箭轰鸣着升上天，在一定的高度上，四院提交的发动机最后有力的一推，使东方红一号卫星按照方案设计进入轨道，环绕地球飞行起来，一曲《东方红》乐曲响彻宇宙，传遍人间，庄严地向世界宣告中国的太空时代到来了！此时，万众翘首，欢呼雀跃。

我站在寒风飞舞的沙漠中，凝目长空，心潮澎湃：我们航天人要为祖国做出更多、更大贡献，创造更多奇迹的誓言，油然荡漾在心海中。

18 个月拿出“长二捆”

丁 楠

航天界都知道，中国的载人飞船之所以能在这么短的研制周期内上天，长征二号捆绑式火箭功不可没。它是中国航天界为了开发国际大容量通信卫星商业发射市场推出的大推力火箭。

1978 年 3 月 18 日，全国科学技术大会在北京召开，后来被称为中国改革开放总设计师的邓小平，在这次大会上提出一个崭新的论断：“科学技术是第一生产力。”这一年的秋天，邓小平又专门针对航天事业的发展说了这样一段话：“为了尽快地把国民经济搞上去，提高生产力，提高技术水平，改善人民生活，国家要把钱花在农业和煤、电、油、钢及交通运输上。我国是发展中国家，在空间技术方面，我国不参加太空竞争。”

在谈话中，邓小平还有意识地讲了一句话：“军工部门要搞军民结合。”

这番谈话，可以看作是中国航天事业从纯粹的军工向军民两用转变的序曲，也是促进航天人向市场过渡的重要推动力。

时任航天工业部副部长的刘纪原回忆说：“小平同志提出来‘军民结合、军转民、平战结合’的方针后，整个军工系统需要由过去单纯的、单一的军品任务，转向既要研制军品，又要发展民品，解决当时军品经费不足、人员过剩的矛盾，同时保持原来的军工队伍稳定。根据中央改革开放的精神，经过一段时间的摸索后，我们认为，作为航天工业，要转向市场应用，最有效的途径是利用航天工业成熟的技术，将中国的运载火箭推到国际市场，参与商业卫星的发射服务。”

1985年10月26日，航天工业部部长李绪鄂代表中国政府正式向世界宣布：中国长征系列的长征二号和长征三号运载火箭正式投放国际卫星商业发射市场。

1986年，是世界航天史上的黑色灾难年。1月28日，美国的挑战者号航天飞机在升空时突然爆炸，7名航天员全部丧生。不久，马丁·玛丽埃塔公司为美国空军制造的大力神火箭爆炸，麦道公司的德尔它火箭由于过早熄火而自毁。5月，欧洲空间局阿里安火箭也发射失败。这一连串的航天事故，使一大批商用卫星陷入缺乏运载工具的困境。在这种情况下，国际上的卫星制造商们将目光投向了中国的长征火箭。

1986年3月，黄作义拿着他画出的捆绑式火箭草图找到时任中国运载火箭技术研究院副院长的王永志，把自己的想法同王永志进行了交谈。

王永志是著名的火箭专家，他担任过多种火箭的总设计师，他主持研制和参与研制的6个航天型号，均取得了首次发射成功的骄人战绩。1987年4月，王永志曾作为“863计划”航天领域专家委员会委员之一，参与我国载人航天工程必要性和可行性论证。1992年11月，他被任命为载人航天工程总设计师。

王永志也有研制捆绑式火箭的想法，并已经做过一些捆绑式火箭的试验。当他听了黄作义的想法后，非常高兴，当场表态说：“这个方案我看完全可行！”

随后，王永志以中国运载火箭技术研究院的名义，将此事向刘纪原做了正式报告。刘纪原当即表明了意见：“先走出去，做国际市场调查，再做最后决定。”

为了尽快占领国际发射市场，力主“长二捆”项目上马的刘纪原想出了一个“借鸡生蛋”的办法，让负责对外谈判的中国长城工业公司拿着“长二捆”草图去找外国人签合同，有了经费再研制。

提出“长二捆”设想的黄作义，负责向国际上的卫星制造公司宣传介绍“长二捆”火箭。黄作义说，当时美国休斯公司副总裁卢森博士听到“长二捆”运载火箭的设想后，坦率地说：“你这个火箭的设想、规模，正好适合我们的需要，如果我有决策权力的话，就用你这个火箭。”卢森博士是双自旋卫星的发明人，世界上都称其为“双自旋之父”。

1987 年 9 月，澳大利亚奥赛特公司就建立第二代国家卫星通信系统进行招标。当时，有 4 个西方宇航集团以主承包商的身份参加投标。初入市场的中国长城工业公司以发射服务分包商资格与主承包商联合参加投标，主承包商休斯公司在运载火箭方案中列入了中国尚无实物的长征二号捆绑火箭。这意味着还未出世的长征二号捆绑火箭开始和美、欧火箭同台竞争了。

经过一年多的艰苦工作，1988 年 6 月，美国休斯公司与中国长城工业公司签署了“定座”协议。协议规定，在未来的 3 年中，休斯公司将用中国的长征火箭发射 3 颗他们自己制造的卫星。协议同时还规定，如果双方在 1988 年 10 月 31 日还没有签订正式发射合同，那么将失去合作的可能。

时任长城工业公司副总裁的陈寿椿回忆说：“为了体现中方的合作诚意，我们准备了一份 20 多页的建议书寄给了休斯公司。休斯公司接到建议书后说，建议书最少也得一英寸那么厚，你们这个建议书就那么几页东西，不像个建议书，不符合国际上的标准，应该重新准备一份，否则我们就没法谈。现在来看，第一份建议书确实不能算是建议书。”

中国航天人用了一个月时间，按照国际惯例重新起草了建议书，并在 1988 年 10 月初向美国派出了谈判代表团。10 月 31 日，已是协议规定谈判期限的最后一天。在最后环节，休斯公司提出，如果中国方面能找到保险商为发射承保，双方谈判才不至于破裂，否则就中止谈判。关键时刻，中国政府给予了最有力的支持。在有关部门协调下，中国人民保险公司为“长二捆”提供了发射保险服务。

1988 年 11 月 1 日，中国长城工业公司与美国休斯公司签订了用中国长征二号捆绑火箭发射两颗“澳星”的商业发射合同。签完合同后，休斯公司总裁道夫曼在致辞中意味深长地说了一句话：“从今以后，我们要学会跟不同文化背景的人交往。”

在签订合同时，美国休斯公司又提出一个条件：在发射“澳星”之前，“长二捆”必须进行一次成功的飞行试验，时限为1年零8个月。另外，在任何时候，只要他们认为中方不能发射或没有充分证据证明自己能够按时发射，用户有权终止合同并罚款100万美元。

中国航天面临着一次严酷的挑战。

这时，“长二捆”研制项目也得到国家批准，但国务院明确指示，“长二捆”火箭的研制费用国家不拨专款，由航空航天部从银行自行贷款解决。贷款的巨额本息，也要从发射“澳星”的收入中支付。

刘纪原果断决策，贷款4亿元。

等真正拿到研制急需的经费，距要求试射的时间只有18个月了。

美国研制一枚火箭需要三四年，中国以往研制一枚火箭需要五六年，而留给“长二捆”的时间只有18个月。如此短的时间，要研制出这样一枚火箭，在世界火箭史上都是一个奇迹。

为了不让“长二捆”在研制环节误点，中国运载火箭技术研究院召开全院紧急动员大会。在会上，王永志说：“研制‘长二捆’火箭的决定已经下达，我们的决心也已经下定！这是我院天字第一号任务，我们无论如何也要完成它！希望大家要团结一致，准备打一场硬仗，打一场恶仗！我们这支队伍究竟怎么样，就在这次任务中证明自己吧！至于我自己，已向部领导表明态度，如果在1990年6月30日之前不能将‘长二捆’火箭竖立在发射塔上，就撤了我的职，罢了我的官！”

全院大会一结束，王永志立即公布了“长二捆”火箭的研制计划。

计划一公布，从研究所的所长，到工厂的厂长，甚至是一些车间的老师傅都大惊失色，异口同声地说这是一个不讲理的计划。

任务一下达，中国运载火箭技术研究院马上变成了灯火辉煌的“不夜城”。18个月的时间里，无论是专家、技术人员，还是普通工人，超负荷工作成了家常便饭。

中国运载火箭技术研究院工程师张成铭回忆说："在李鹏总理的亲自过问下，半年之内，'长二捆'的各种零部件就解决了。当时国家电力比较紧张，有关部门就出面协调，凡是生产'长二捆'元器件的生产厂，各个地方都要给它们让路，提供生产保障。"

时间一天天过去，撕下的一页页日历，如同一遍遍敲在人们心头的战鼓。人们眼中早已没有黑夜和白天的区别。由于加班太多，得不到休息，有些人走在路上突然就晕倒了。

1990 年 6 月 29 日，合同规定时限的前一天，"长二捆"火箭在西昌卫星发射中心的发射台上竖了起来。

第一次"长二捆"火箭试射，简直不堪回首。在这之前，因传感器的问题，导致有毒推进剂泄漏。拆换时，致命的气体像恶魔一般悄悄蔓延开，撕咬着人的肺部，操作员当场中毒晕倒。救护车尖叫着，开足马力把中毒人员送往西昌城内。

崎岖的山路，汽车跑得再快，也得四五十分钟。

在这紧急关头，刘纪原副部长迅速赶到现场，指挥抢救。他还随着抢救车，一个晚上去了两次西昌城。中国运载火箭技术研究院院长王永志、副总指挥于龙淮等都中毒倒下了，魏文举同志后来因抢救无效，以身殉职。

消息惊动了北京，一架飞机呼啸而来，国防科工委和航空航天部的主要领导来到西昌。

屠守锷等老总下了飞机直奔病房。王永志拉着他们的手忍不住失声痛哭。

在这种情况下，"长二捆"还试射吗？

会议室里，专家们被一个个问到，一个个汇报，一个个回答。

会议室外，众多的干部、科技人员、工人默默地围拢着，他们知道，此刻虽然不是他们说话的时候，但他们有期盼英明决策的权利。

在这之前，早有一种传言悄悄蔓延着："就凭他们，应该把火箭拉回去，打成了是侥幸，打不成是必然。"

屋内，"表态"在继续。

控制系统、发动机系统、发射平台、伺服机构……所有的系统都被问到了，表态都是："没问题！"

王永志最后郑重地回答："没问题！"

当所有的目光最后集中在刘纪原的脸上时，他吐出一个字——"打！"

1990年7月16日，命运多舛的"长二捆"运载火箭终于成功地飞向了太空！

18个月研制一枚新型大推力捆绑式火箭，一举将我国运载火箭的运载能力提高6~7吨，这在当时被许多人称为奇迹。

外电报道说："这是一枚令人生畏的火箭，它的成功，加强了中国运载火箭在国际卫星商业发射市场上的竞争能力。"

梦想从这里放飞
——519厂研制“长二捆”发射台的故事

闫顺金

习近平总书记阐述的中国梦，激起了我们心头的热情和期盼，也激起我对型号研制往事的追忆。

20世纪80年代末，在我们同外国人签订18个月内发射“澳星”的合同时，国家还没有大推力的“长二捆”火箭，当然也就更没有“长二捆”发射台。没有发射装备就敢签订发射合同，这在当时是震惊中外的重大新闻。如果不能按时完成发射任务，就会给国家在政治上、经济上造成难以估量的损失。但是，为了在国际卫星商业发射市场拥有一席之地，就必须敢于冒风险。

1989年2月，国家启动了“长二捆”重点工程，519厂承担发射台等多种地面设备研制任务。

“长二捆”发射台是个集液、电和机械于一体的庞然大物，外径14米多，总质量500余吨。研制技术难度之大、质量要求之高，都是519厂研制史上从未有过的。本来需要两年多的研制时间，但留给519厂的研制周期只有一年左右。为了确保按时完成任务，当时的厂长、研制总指挥魏方贵，在全厂进行了广泛深入的动员。他鼓动大家说："这不仅仅是一个航天技术进入国际市场的问题，更是一项长志气、振国威的政治任务。"工厂的干部和工人，食堂师傅、医生护士、保育员、退休职工等都被动员起来，一起关心和支持"长二捆"发射台的研制，想"长二捆"之所想，急"长二捆"之所急，真是做到了家喻户晓、人人皆知。连子弟学校的学生放学回家都要问："爸爸，'长二捆'的任务完成了吗？"

工厂层层动员之后，全厂上下群情激昂，研制现场指挥部的灯火彻夜通明。时年56岁的常务副总指挥牛光岐，边服着降压药，边用沙哑的嗓音安排着工作。各单位按照指挥部的统一部署，不等不靠，积极主动地展开研制生产工作。白天落下了进度，就主动加夜班追赶。研制队伍中的大多数人，可以说是"地球转一圈，他们上了两个班"。星期天不休息，不要加班费。全厂团结协作，一方有难，八方支援。就这样，从投料开始，不到半年时间，519厂完成了"长二捆"发射台900余种、近8000件的零组件加工任务。这期间，一院副院长、"长二捆"工程副总指挥于龙淮，对发射台等地面设备研制放心不下，风风火火奔赴太行山工厂察看情况。当他走进车间，看到通地摆放着发射台的零部件时，那颗悬着的心踏实了，脸上露出了满意的笑容。

1989年的第四季度，519厂的所有零部件都加工完了，然后焦急地等待着外部协作单位的上框架到厂配套加工。消息传来，外协件要推迟45天交付！这使本来就很难按时完成的任务，又雪上加霜。11月6日至9日，"长二捆"发射台研制工作协调会在北京召开。会议重申，无论外部单位协作进度如何影响，"长二捆"发射台交付的总进度不能改变，必须按期交付使用。面对这种情况，519厂的人什么都没说，他们心里明白，只有面对现实，努力拼搏，用拼搏创造奇迹！

1989年12月31日，太行山上白雪皑皑。延迟45天交付的发射台上框架运输车队，吃力地行驶在山西黎城县东阳关。由于大雪铺地，坡陡路滑，不能前行，司机们看着陡坡和路边的山崖心中不禁发憷。就在这时，519厂满载

519厂研制的“长二捆”发射台

着炉渣的汽车及时赶到，用炉渣铺路，这才安全地把产品运到总装厂房。12月31日傍晚，总装车间的工人还没有下班，天车工早早就坐在操作间内，工人们已经把钢丝绳和吊具挂在吊钩上等候，车一到，很快就把50多吨的产品卸完，连夜进行组装，争分夺秒地赶时间。此时，从北京匆匆赶到厂的航空航天部副部长刘纪原，看到这一切也为之感动。他和正在奋战的干部、工人一起，在总装厂房度过了1990年的元旦之夜。

发射台上的框架组装完成后，就着手给上框架的滚道进行淬火。滚道直径10米多，滚道的圆弧半径40毫米，就是要给滚道的圆弧淬火。淬火硬度为洛氏50~58度。淬硬层深为4毫米，不得产生裂纹和软点。给这样大的部件、这样长的滚道表面淬火，在国内没有先例，况且“长二捆”发射台的进度要求非常急迫，如果淬火出了问题，交付进度就耽搁了，后果不堪设想。为了确保一次成功，厂成立了“三结合”攻关组，设计制造了淬火专用工装，用试验件在工装上进行了历时两个多月、上千次的淬火试验，摸索出一套可靠的淬火工艺参数。虽然做了这样细致的准备工作，但真正给在千里之外协作刚刚加工好的 50 多吨重的大部件淬火，谁不发憷？

1990 年 1 月 2 日夜，室外数九寒冬，滴水成冰。然而淬火现场的工程技术人员和师傅们却忙得满身是汗。淬火工装在缓缓地移动着，感应器发出闪闪的亮光和均匀的响声，淬火在紧张地进行着。滚道直径 10 米多，展开长度 30 多米，必须连续淬完，中间绝不可停顿。淬火人员在各自岗位上精神高度集中地忙碌着。政工人员送到现场的热腾腾茶水，他们顾不上喝；炊事人员送到现场的香喷喷饭菜，他们顾不上吃。从晚上 8 点一直干到夜里 12 点多，一气呵成，取得了“长二捆”上框架滚道淬火一次成功！滚道淬火现场沸腾了，人们含着幸福的泪花，欢呼着、跳跃着、祝贺着。

淬火成功了，但淬火攻关总指挥、六车间主任邓维勤，由于高度紧张的工作，却站不起来了，在医院里住了两天才缓过劲来；热处理专业的高级工程师吴维龙，在紧张的淬火过程中，连上厕所的时间都省了又省；直接掌握淬火感应器的尤宜章老师傅，毛衣都被汗水浸透了……正是他们用忘我的劳动，创造了滚道表面淬火的新纪录，也为后来的载人航天工程活动发射平台淬火奠定了坚实基础。

发射台总装调试正值春节期间，为确保按时完成任务，奋战在研制一线的员工大年初一都不回家。从领导到员工，在总装调试的两个月里，吃在车间，睡在厂房，直到任务圆满完成。

1990 年 3 月 5 日，这是 519 厂人难忘的一天。在东厂区的火车站台上，由 26 节车皮组成的“长二捆”发射台专列徐徐启动，由副厂长吴海生带队驶向遥远的西昌卫星发射中心。1990 年 7 月 16 日，用“长二捆”发射台发射的巨龙腾空而起，载着中国航天人的期望和梦想，完美飞向太空。

弹指一挥间，研制“长二捆”发射台的工作已经过去了 20 多年。这期间，我国的航天事业日新月异，我们厂又研制出了更大的载人航天活动发射平台，而且用这种平台成功地将 10 艘飞船送往太空。519 厂人用高质量、高效率，按时完成了一个个航天型号研制任务，同全国航天人一起，共同编织着航天梦、中国梦！

刻骨铭心的“3·22”

田　宁

1992年3月22日，是中国“长二捆”大型运载火箭正式发射“澳星”的日子。

这次发射成功与否，将在中国航天史上产生重要影响：其一，这是中国大型运载火箭进入国际商业发射市场的一次正式亮相，其成功与否，将影响到中国的大型运载火箭能否在国际商业发射市场占有一席之地；其二，这次发射在某种程度上可能影响到正在论证而尚未决定是否上马的载人航天工程。“长二捆”运载火箭1990年7月首次发射成功的时候，中国的载人航天工程论证工作也进入了实质性的方案论证阶段。1991年3月，李鹏总理曾特意约见了任新民，了解飞船可否利用长征二号捆绑式运载火箭发射。

正因为这是一次特殊而意义重大的发射，从中央到地方，从国内到国外，从科技界到新闻界，都对这次发射给予了高度关注。中央电视台特意派出了阵容强大的工作班子，向全国和全世界进行现场实况直播。

这天天气很好，前来观看发射的人们心情也显得格外愉快。国防科工委、航空航天部、中国长城工业公司和西昌卫星发射中心邀请的美国、澳大利亚驻华大使等一批外宾和港澳朋友、各界名流，都于当日上午云集发射场。

江泽民、李鹏等中央领导，也在国防科工委指挥大厅就座，热切地注视着大屏幕上的“澳星”发射现场画面。

当发射程序进入最后5分钟时，整个发射场安静极了，千千万万的中国人，一边吃晚饭一边看电视，在焦急的等待中，大家都在期盼那辉煌而又让人激动不已的时刻！

“1分钟准备！”

“10、9、8、7……3、2、1，点火！”

随着发射指挥员最后一道口令下达，人们看到火箭底部忽地蹿起一股橘黄色的火焰，巨大的轰鸣声震颤着整个山谷。

所有人的目光都集中在发射塔的火箭上，等待“长二捆”火箭升空的动人画面。然而，1秒钟，2秒钟，5秒钟，7秒钟，本应在点火后4秒起飞的“长二捆”火箭，只在发射塔上挣扎了短短几秒钟便不动了，人们随之看见的是一团席卷而来的浓浓烟雾……

“紧急关机！”突然有人喊。

“紧急关机！”

“紧急关机！”

指挥长冲着面前的麦克风大喊：“断掉箭上电源，插上短路火工品插头，取出爆炸器与引爆器……”

当晚，中国长城工业公司总经理唐津安向公众宣布：

“女士们，先生们：

我现在向大家宣布，今晚的发射……”

几分钟后，法新社、美联社、合众社等通讯社及世界各国的电台、电视台，以最快的速度报道了中国“长二捆”发射“澳星”中止的消息。

一时之间，问询的、关心的、责骂的声音潮水般涌来，外界的议论，内心的自责，形成巨大的压力，笼罩在“长二捆”研制队伍的头顶上。

“长二捆”的发射中止，使反对载人航天工程上马的呼声再起。许多人担心，“长二捆”的发射中止，会使中国载人航天工程无果而终，已经提出的飞船论证方案，会不会成为另一个曙光号?

1992 年 3 月 31 日，即“澳星”发射中止后的第 9 天，中共中央总书记江泽民在林宗棠、刘纪原的检查报告上做了这样的批示：

失败乃成功之母。我们一定要坚持胜不骄、败不馁，总结经验，找出问题，认真解决，准备再发。一定要把士气鼓舞好。

国务院总理李鹏，也在林宗棠、刘纪原的检查报告上作了批示：

目前不宜谈处分，应找出原因，消除故障，稳定人心，力争下次发射成功。

17 天后，“长二捆”发射中止的原因找到了，罪魁祸首竟是半个绿豆大小的铝质多余物。

这片多余的铝屑从何而来？刘纪原后来这样解释说：“因为器件的螺母是钢的，壳子是铝的，拧的时候一不小心，掉了一小片铝屑。这个工艺是 50 年代从苏联那里传承下来的，几十年都没有改变，也就习惯那么干了。后来故障原因查清后，才发现从苏联那里学来的这种工艺其实根本没必要。我们把这种工艺改了，类似故障以后就再也没有出现。”

1992 年 8 月 14 日，“长二捆”火箭发射“澳星”再次进行。

当“长二捆”火箭拖着橘红色的火焰直刺茫茫夜空时，现场所有的人都有了一种必胜的信心。

20 分钟后，西安卫星测控中心传来星箭分离的数据，卫星已准确入轨，经美方审阅，参数完全吻合。

随后，发射指挥长胡世祥当众宣布：

“根据刚刚获得的测量数据，中国‘长二捆’火箭已将‘澳星’顺利送入预定轨道。中国的这次发射，完全成功!”

真假“王主任”的故事

丁　楠

长征二号F运载火箭调度长倪海龙，说话逻辑性很强、很理性，连工作服都穿得一丝不苟，让人感到用这样的人去搞管理、搞协调、搞任务分配，是非常放心的。

事实上也确实如此。多年来，他按照总体的要求，努力做好每一项调度管理工作。从1998年第一发产品的合练到现在，他严谨的工作作风，保证了他所负责的工作顺利进行。

他说：“很多很多的经验，都是从教训中得来的。”

他给我们讲了一个阴差阳错的真假“王主任”的故事。

那是发射“神舟二号”的时候，产品已经拉到了酒泉卫星发射中心，在离发射时间还有一个星期时，突然通知有个部件要更换。等修复调换完了也快到发射时间了。用飞机空运，部件太大，塞不进去；用汽车运，正值冰天雪地，汽车打滑不安全，而且速度也慢；只好走火车运输这条路了。

时间非常紧张，而且一忙就容易出错。

铁路部门给他们联系好了行李车厢，告诉他们去车站一个包装公司找王主任，王主任会把产品包装好并运送上车，交给他就什么都不用管了。

倪海龙按照电话中说的地址，在车站旁边找到了一个挂有托运公司牌子的小门脸。一问，正好王主任迎出来。王主任非常热情，业务也相当熟练。他领着手下，三下五除二就处理好了产品。倪海龙放了心，送了一个航天纪念品给这位王主任。王主任千恩万谢地将他们送出门，一再表示，放心放心，一切包在他身上，保证按时装车。出了门，再一回头，倪海龙心里不由地“咯噔”一下，心想航天产品这么重要，铁路部门怎么敢托付给这么一家小店去负责。再核实一下吧。心里想着，倪海龙又折了回去。

“您是王主任吧？”倪海龙又问了一遍。

“我就是王主任，这还假得了。”王主任说着把名片掏了出来。一看真姓王，不过名字不对。大冷的天，倪海龙顿时出了一身汗，忙打电话给铁路部门，一核对，还真的搞错了，此王主任非彼王主任，同姓不同名。

离开车时间越来越近了，万一误了这班车可糟透了。倪海龙心急火燎地找到了真的王主任，又重新包装、装车，在发车前几分钟时，总算安顿好了。

目送远去的火车，倪海龙顾不得满身灰土，怒气冲冲地去找假王主任算账。“真是想挣钱不要命了，什么牌都敢打，什么活都敢接，这可是航天产品，万一有个差错，你我下半辈子都没有好日子过。”边念叨着边走，走到那个包装公司小门脸前，假王主任正瑟瑟发抖地站在冷风中，惶恐不安。秉性温和的倪海龙不由得火气消了一大半。毕竟是自己的疏忽，给他钻了空子，看样子他已经知道自己钻的是什么样的空子了。

假王主任远远地迎了过来，没等倪海龙说什么，一把塞回刚接受的航天纪念品，连声说：“错了错了，错了错了。”

这个收回的航天纪念品，后来成了倪海龙送给自己的纪念品，它被摆在书架上，永远向自己提醒那句流传在企业中的名言：“求真务实，眼见为实。”

“神舟二号”临射前，火箭被撞了一下“腰”

田　宁

2000年12月31日，神舟二号飞船和长征二号F火箭的测试都已经完成。火箭顶着一个已经加注推进剂的飞船，准备于2001年1月1日垂直转往发射区实施发射。

9月份，各系统进入酒泉卫星发射中心时，这里的树还是绿的。经过几个月的测试，准备工作完成了，发射场已是一派冬天的景象。

马上要过元旦了，在发射场忙碌了几个月的人们，这几天心情格外好，大家相约一起吃辞旧迎新的年夜饭，并预祝来年心想事成，一切顺利！

正在这时，传来一个仿佛晴天霹雳的消息：由于基地操作人员的失误，火箭撞上了测试厂房工作平台，火箭助推器等部位被挤出15厘米。

据现场人员反映，事故发生的情况是这样的：

下午 3 点 10 分，发测站的操作人员在做活动发射平台向发射塔转移的技术准备。在 01 厂房东厅进行备份驱动车检查时，一名操作人员将活动发射平台的备份电源与平台的主份电源接反了，通上电时，活动发射平台意外行走，已处于垂直对接状态的火箭就置身在测试厂房工作平台的包围中，火箭和工作平台发生接触、挤压，造成了多处受伤。

得到消息后，火箭总指挥黄春平、总设计师刘竹生急忙来到火箭测试厂房，查看火箭碰撞后的伤情。“越往下看越伤心。我们一个一个数，一共有 18 处外伤，每一个伤口都像撞在我的心坎上。”黄春平惊魂未定。

“过去我们的火箭在发射场上多次被撞过，这儿磕了，那儿碰了，划掉一块漆什么的。接到火箭被撞的消息，我想可能跟以前被撞差不多吧！到现场一看，这次撞得可真不得了，看完以后，我心都冷了。前期大家做了那么多的工作，够艰苦的，好不容易做完了，只要过了年，加注推进剂后就可以发射了，结果却被撞成这样，能不能发射很难说了。”刘竹生心神不定地说。

“飞船里面注满了推进剂，跟个超级炸弹似的，磕碰一下都有可能爆炸。如果碰撞影响到飞船，那可是了不得的事！”各系统的指挥员得到消息后都吓了一跳。

火箭被撞的消息很快传开了，发射中心准备举办的聚餐和联欢活动被取消了，热热闹闹的发射中心一下子不见了节日的欢笑，大街上冷冷清清。

此时，人们最担心的是火箭到底伤在了哪里，是不是已经“伤筋动骨”，还能不能修复使用？发射试验队还有没有必要留在基地？一系列的疑问悬浮在人们的心头。

火箭被撞，最稳妥、最保险的办法是取消这次发射，更换被碰撞的火箭结构、管路。

仔细检查了飞船之后，飞船系统总指挥袁家军给大家吃了个定心丸：“我们的飞船没有问题！”

飞船系统总设计师戚发轫看过以后也说，转运车速度很慢，火箭和平台相碰时并没有很大的速度，而是慢慢挤压过去的，经过计算，飞船所受的震动比发射时要小。

黄春平和刘竹生对火箭受到的损伤初步估算了一下，认为火箭受力不是很大，所以产品应该不存在影响发射的问题。只是刘竹生担心火箭相碰的地方，贮箱会有问题。

半个小时后，载人航天工程指挥部副总指挥胡世祥紧急召开了一个高层会议，研究如何处置这个突如其来的事件。

飞船系统的专家们都表了态：飞船没有问题，不用重新测试。

怎么确定火箭的状态，大家的意见很不一致。

火箭系统专家对火箭的性能十分有把握，但必须用试验结果来说明问题。

经过中国运载火箭技术研究院专家连续两天的分析，问题的影响远远比原来想象的好得多，被撞的地方都是经过特别加强的地方。这个结果，让压力最大、已经做好最坏心理准备的载人航天发射场指挥长、酒泉卫星发射中心主任张建启多少松了一口气。

为了不使火箭带着任何疑点上天，经过长时间的反复讨论，大家一致同意飞船组合体和火箭在垂直测试厂房起吊分离，飞船不再运回原来的厂房，火箭原地进行排故，排故后，船箭对接，按原程序再测试一次。

方案一经确定，试验队立即请北京的火箭探伤专家连夜启程赶往发射场。

1 月 3 日，经过专家的“大检查”，箭体鉴定正常。之后进行的全箭气密性检查也没有发现问题。1 月 4 日，试验队在对火箭全面检查的基础上，对明显受损的贮箱、整流罩等部位进行了处理，对不放心的部件进行了更换。

全箭进行最后一次综合测试后，火箭一切正常！碰撞事件造成的影响终于彻底排除了。

2001 年 1 月 5 日，中国航天科技集团公司组织任新民、曾庆来、王德臣等 13 位专家，对火箭与工作平台发生碰撞的结果分析和处理措施进行了评审。之后，胡世祥、张庆伟、王永志、许达哲、张建启、徐克俊等人与中国运载火箭技术研究院的专家又对评审结果进行了深入的讨论。

经过专家的严格评审，13 位专家一致认可：火箭与工作平台碰撞属于挤压过程，不是冲击，碰撞产生的载荷小于火箭的设计载荷。评审组认为：目前火箭状态已经恢复并通过了分系统和总检查测试，可以转入下一阶段的工作。

1 月 6 日，中国载人航天工程指挥部召开会议，一致通过对火箭的评审，确定了 1 月 10 日凌晨 1 点钟进行发射。

2001 年 1 月 10 日凌晨 1 点，伴随着大地轰隆隆的颤抖，长征二号 F 火箭再次喷射出强大的火焰，搭载着神舟二号飞船，划破深夜长空，向着浩瀚的宇宙呼啸而去。

十几分钟后，北京传来消息：飞船准确入轨。

之后，每当谈起这次火箭被撞事件，张建启都心有余悸地说：

“在这个事件上，我是比较幸运的，火箭被撞，责任在基地方面。幸亏火箭碰撞的那些地方不是致命的管路，就差几个毫米。如果是碰到那些管路，这枚火箭就报废了，再怎么努力也发射不了了。那次发射，应该是我一生中压力最大的一次，为什么？如果发射终止或发射失败怎么交代？是你撞的，还是产品质量问题，说不清楚。飞船入轨以后，我流泪了，那是我第一次掉眼泪。直到飞船安全返回，我们的压力才彻底释放。”

火箭发射平台的“美容师”

吴晓峰　杜亚培

每年的6月至9月，就有一批航天材料及工艺研究所的技术人员奔赴酒泉卫星发射中心，对发射平台展开为期一个月的“美容”工作，他们被人们亲切地称为火箭发射平台的“美容师”。

火箭发射时，点火一刹那，温度高达2800摄氏度，因此它所处的发射平台不仅受到发动机的强热流冲刷，还必须耐受住强高温，才能保障基体不被烧蚀融化，便于多次执行火箭发射任务。因此，火箭发射平台的“美容师”必须在火箭发射前，给平台表面涂覆大面积的“防热隔离霜”——特种防护涂层。这项看似简单的“护理”工作不可小觑，通过涂层隔热效能的发挥，不仅保护了发射平台，防止它遭受高温、强热流的冲刷，而且大大延长了平台的使用寿命，为火箭发射节约了大笔费用。

酒泉卫星发射中心有两个发射平台，给这两个平台刷上防护涂层，光是用料就将近4吨，喷漆面积达到2000多平方米。每次涂覆涂层之前，还需要打磨上一次火箭发射时的烧蚀表面。这一项准备工作需要七八台打磨机同时开工，打磨掉烧蚀过的涂层，再用几百千克的溶剂进行清洗，然后才能给发射平台涂覆新的防护涂层。

撇开艰苦的施工环境不讲，单单是四吨多的配料过程就让“美容师”们着实费了一把劲，他们需要将树脂涂料加上纤维、填料等七八种成分放入搅拌器搅拌后，经工人师傅从发射台底部运送容器到 6 米高的平台上，然后对发射平台从上到下进行防护涂层的喷涂。

当火箭发射平台的“美容师”，并不是一件轻松的事。戈壁滩，大漠黄沙，烈日炙烤的环境，中午的实际温度超过 40 摄氏度，一个人站上半个小时差不多就要中暑了，更何况“美容师”们还要头顶烈日在户外施工呢！既然如此，为何要选在一年之中最热的月份进行施工呢？这是因为火箭发射平台上涂覆的特种防护涂层固化温度必须始终保持在 15 摄氏度以上，即使晚上也是如此，从而方便第二天继续进行涂覆，这样就只能选定在每年的 6 月到 9 月进行施工。

为了充分利用白天戈壁滩的温度优势，“美容师”们总是在吃过午饭短暂休息十几分钟后就开始作业。虽然地面温度非常高，但为了防止在露天环境下被晒伤，工人们还必须穿着不透气的防晒服，往往是汗水闷在了衣服里，干燥的气候又使得衣服只能“表干”，穿着外干里湿的贴身衣物，其滋味可想而知。

因为夏季戈壁滩夜晚降临得比较晚，“美容师”们为了充分利用天时的便利，每天工作十几个小时，强度非常高，别看他们工作时全神贯注，精神抖擞，一天的工作结束后，每个人都像散了架似地瘫在床上。

“美容师”们每次一来，就得待上个把月，但是，“宁脱一层皮，不误一天工”，这些发射平台的“美容师”们再苦再累，都始终把确保火箭发射进度放在第一位。他们每次从基地回来，同事们看到他们晒得黑黝黝的皮肤，总会开玩笑说，他们去一趟酒泉，就入了一回“非洲籍”。

每次火箭发射成功，人们都惊叹于神箭、神舟的完美演出，但鲜有人知道这些发射平台的“美容师”们，他们也是戈壁滩上的英雄，他们有一个共同的名字——“中国航天人”！

3 星船篇

敢向总理讲真话

王建蒙

中国第一颗人造地球卫星的研制与发射，是中国迈向宇宙空间的第一步，无论在国内还是在国际，都具有非常大的政治影响。卫星的研制进程，牵动着周恩来总理的心，周总理和中央专委领导在百忙之中多次听取卫星研制工作的汇报。

1969 年 10 月的一天晚上，孙家栋作为卫星总体技术负责人和钱学森的助手，与钱学森一同来到人民大会堂江苏厅向周总理汇报卫星研制情况。孙家栋的心情无比振奋，也非常激动。他们刚把卫星初样匆匆忙忙摆放好，周恩来、李先念、余秋里等中央领导和参加会议的有关部委负责人就来到了会议大厅。

当孙家栋近距离看到周恩来总理时，鼻子有些发酸。周总理日理万机，布满血丝的眼睛凹下后显得脸庞清癯、疲惫，与几年前所见到的样子相比，消瘦、苍老了许多。

孙家栋想起 1962 年周恩来总理在人民大会堂宴请招待科学技术界知识分子时的情景。当时正值自然灾害困难时期，他特意上了一道“红烧肉”款待知识分子，一寸见方的肉块人人有份，年仅 30 岁出头的孙家栋许久没有这样的口福了。要知道，在那个饥饿的年代，毛泽东，拒绝吃肉；周恩来，停掉了茶；邓小平，戒掉了烟……

周恩来步入会议大厅后迎着大家的目光匆匆来到会议桌旁，钱学森首先将孙家栋介绍给了周恩来。周恩来亲切地拉着孙家栋的手，向他询问了一些简单情况，高兴地说：“这么年轻的小伙子就是卫星专家，这很好嘛，今年多大年龄？”

孙家栋有些羞怯地回答：“今年 40 岁。”

周恩来风趣地说道:“哦,还是小伙子嘛,学森同志的年轻弟子满多的嘛！”

本来浑身紧绷、大脑高度紧张的孙家栋，顿时被总理几句风趣的话和朗朗的笑声给调整得松弛下来。

钱学森先将东方红一号卫星和长征一号运载火箭的研制以及发射准备的总体情况作了全面汇报。接着由孙家栋对卫星的初样进行讲解和说明，对主要技术参数和研制中的重要情况作了具体汇报。

周恩来对钱学森和孙家栋的汇报听得很认真，还不时提出一些问题，尤其是对卫星上每一个环节的质量和质量保障措施，问得很详细。

孙家栋汇报结束时，周恩来突然像考场的考官那样问孙家栋：“卫星上总共有多少根电缆呀？”孙家栋如数作了回答。周恩来又问：“卫星上总共有多少个插头呢？”这下可难住了孙家栋，他一时有些语塞。

孙家栋红着脸有些不好意思地回答说：“总理，我回去认真统计好后向您汇报。”

周恩来笑了笑，和蔼地说道：“这些数字对我来说没有什么用处，但对你们来说应该是很重要的。你们做卫星研制工作，首先要仔细认真，应该像外科医生那样，对病人的每一根神经、每一条血管都很熟悉，才能保证卫星万无一失。”最后，总理又问道：“你们还有什么问题吗？”

其实，在汇报的前一天，就该不该向总理提出在卫星许多仪器上镶嵌毛主席金属像章对卫星部件的影响、如何处理尊重科学与突出政治的矛盾等问题，孙家栋一直没有想好，一晚上没睡好觉。那个时期，正是“文化大革命”

对个人崇拜的鼎盛阶段，佩戴毛主席像章成为社会时尚，但镶嵌在仪器上的这些像章会使卫星超重，也影响仪器散热，从而降低卫星的可靠性。参与研制的人员对这件事的性质心知肚明，但却没人敢说。这件事到底应该怎么办？要不要坦诚报告？如果这次不说，将错失良机，况且这也是总理非常关心的质量隐患。

孙家栋感到这件事如果再不汇报就没有机会了。于是，他很郑重地对周总理说："从政治感情上来说，大家出于对毛主席的热爱，在卫星仪器上镶嵌毛主席像章，这是完全可以理解的。但是从技术角度讲，这样做，一是会导致卫星质量超重，二是卫星上天后将会影响其正常工作。"

孙家栋提出的问题，立即引起了周总理的重视，他说："大家对毛主席热爱是对的，但是大家看看我们人民大会堂这个政治上这么严肃的地方，也不是什么地方都要挂毛主席的像，你看咱们这个会议室就没有挂毛主席的像嘛。政治挂帅的目的是要把工作做好，而不是要把政治挂帅庸俗化，研制卫星一定要讲科学，要有科学态度。你们回去以后好好考虑一下，只要把道理给群众讲清楚，我想就不会有什么问题嘛。"

会后，孙家栋给大家传达了周总理的原话，大家按总理说的做了安排。这个棘手的难题终于得到了解决。

是“买星”，还是“造星”？

崔伟光　孙宏金

从1981年开始，一场是“买星”、还是“造星”的争论，在国内沸沸扬扬地展开了，中国空间事业正经受着一场风雨洗礼。

航天部门的专家们认为，中国在核心领域、战略产业方面应当坚持自主发展的道路，通信卫星关乎国家的经济命脉和空间安全，理应把“国产”作为国内用户的首选，这是提升国家核心竞争力的需要，也是壮大空间技术队伍、提高空间技术能力的需要。他们说，中国一旦全面启动“买星”项目，国产卫星的研制生产能力将遭遇空前打击，通信卫星的市场乃至许多空间技术的发展机遇，将可能丧失殆尽。何况我国已经造出东方红二号通信卫星，建立了一支具有相当水平的通信卫星研制队伍，积累了经验，不用太长时间，一定能造出性能更先进的通信卫星。

然而，有些部门的负责人却从另外一个角度考虑问题。他们认为，从价值规律出发，“租星”或“买星”来得快，还可能又好又便宜，此方式当然是解决国内市场燃眉之急的捷径，毕竟全世界有170多个国家和地区利用卫星通信，只有少数几个国家才拥有自己的通信卫星。

就在双方争论不下时，有关部门已经派人出国考察，向美国、德国、法国公司招标，准备购买外星，理由相当充分：国产东方红二号通信卫星确实与国外通信卫星有很大的差距。

关键时刻，航天专家们挺身而出，恳请国家不要批准购买国外卫星，给中国航天人一个平台、一次机会。

1985年7月2日，孙家栋在关于广播卫星中外技术合作方案讨论会上明确提出："要以我为主，尽快拿出通信卫星。"随即向国家上报了题为《我国已具备以我为主研制发射通信卫星的能力》的报告，这分明是一份"请战书"。

10月5日，国家科委主任宋健在航天工业部主持会议，讨论"买星"还是"造星"的问题。航天部门和有关部门的代表分坐两边。

两边的观点针锋相对，争论到了白热化程度。

宋健是航天技术专家，又出身"红小鬼"，脾气直来直去，他看看气鼓鼓的一方代表，严肃地说："空间技术研究院的意见符合中央精神，不能一说'买星'就什么都不顾了……我们可以通过国际合作引进新技术，赶上国际水平……"

散会时，有关部门代表怒气冲冲地走了。

于是，"官司"打到了国务院。"造星"和"买星"的报告一起送到了国务院副总理李鹏的办公桌上。

1986年3月7日，李鹏主持召开国家电子振兴领导小组会议，他把两份报告拿出来让大家讨论，意见仍然难以统一。最后，李鹏副总理拍板：要依靠中国自己的力量研制新一代通信广播卫星！

3月31日，国务院下发文件，明确通信卫星要靠"中国造"。

抢救“风云一号”

孙宏金

1991年2月14日，正是家家户户贴春联、放鞭炮，团圆欢聚的中国传统佳节春节的前一天——除夕，风云一号B星受太空“天气”影响，遭到空间高能粒子轰击，星上计算机工作紊乱，卫星姿态失控，如不及时抢救，它将会变成一颗“死星”。

15日，大年初一，正在上海休假的卫星副总设计师徐福祥接到赶赴西安卫星测控中心组织队伍抢救风云一号B星的命令。

徐福祥领命后，直奔飞机场。此时正值春节，从上海飞往西安的飞机停飞，救星心切的徐福祥立刻买了当天的火车票。

在千家万户的爆竹声中，徐福祥独自一人离开了温馨的家，坐着火车向着大西北方向急驰。这一年，他48岁。

火车上的徐福祥心急如焚地思索着救星的办法。

临行前，总设计师孟执中曾说，可以先启动星上的偏置动量轮，以增加卫星定向的角动量……尽量使卫星的姿态不要再偏得太大，以便于后来的抢救。

但是，怎样才能使卫星的姿态不要再偏呢？徐福祥没有答案。他闭上眼睛，想让脑子静一静，再梳理一下思路。

过了许久，当他不经意间睁开眼睛时，发现车厢里有一个戴着八角帽的新疆小姑娘，手里把玩着一个指南针。

徐福祥眼睛一亮，脑子也突然清醒了——卫星上有 3 根磁棒，与指南针里的磁针不是一样的吗？通过地球磁场的相互作用，卫星或许有救。

一个救星的方案在他脑海里渐渐清晰，徐福祥忍不住脱口而出："真是天无绝人之路！"

当他拖着疲惫的身体，带着一丝希望，来到西安卫星测控中心时，任新民、杨嘉墀、白拜尔、韦德森等火箭和卫星专家也陆续从北京赶来。

经过充分研究讨论，抢救组一致同意用 3 根磁棒产生控制力矩的办法试一试。于是，大家制定了卫星抢救方案。

专家们在卫星高速旋转时杂乱的输出数据中，找出了确定卫星旋转轴的数据，推导出了姿态确定公式，通过最小二乘法，提高了姿态确定的精度，再通过仿真和实际计算，始终有效地监视着卫星旋转的姿态。

专家们对星上现有软件进行了巧妙组合，通过控制 3 根磁棒通电相位的方法，使其与地球磁场相互作用后产生相应的进动力矩。经过 10 天左右的消旋，卫星旋转速率从每秒 60 度，下降到每秒几度。

专家们又找到了采用地面遥控注数，使星上地球磁场模型的磁周期和取向可随意改变的方法。他们通过控制 3 根磁棒的通电方向，使其与地球磁场相互作用后产生正确的进动力矩，并设计了有效的进动控制方法。通过有效的控制，风云一号 B 星的自旋轴保持在了空间的正确取向上。

但是专家们发现，当卫星消旋达到小于每秒 1 度左右时，利用 3 根磁棒与地球磁场相互作用的控制办法就会失效，卫星将无法继续消旋。

为了攻克难关，徐福祥提出采用重力场控制的办法，这样就能巧妙地控制卫星的俯仰角，使它在旋转 360 度的 4 个象限内产生大小不同的重力矩，通过旋转一周产生的重力矩积分效应，卫星姿态终于稳定了，卫星不再乱转了。

经过 75 天废寝忘食的艰苦努力，风云一号 B 星终于在 1991 年 5 月 2 日全面恢复正常。这天，西安卫星测控中心大厅内鸦雀无声，大屏幕上显示着卫星缓慢“滚”向控制区的场景。当指挥人员宣布“卫星捕获地球成功”时，大厅里响起了雷鸣般的掌声。

消息报告给航空航天部，部里发来这样的贺电：“成功抢救风云一号卫星是中国航天史上的一个奇迹，也是国际航天界的一件罕事。”

冲击制高点
——记我国气象卫星指令与数据接收站总设计师童铠及其同事

孙宏金

在北京市海淀区东北旺，矗立着一座直径20多米高的乳白色大型锅底天线，这就是继美、日和欧洲之后，我国新建成的气象卫星指令与数据接收站，天线中央“中国气象”四个醒目的大字，仿佛在向人们诉说着中国卫星气象事业的辉煌。

这座世界第四、亚洲第一的大型地面站的诞生，凝聚着总设计师、中国空间技术研究院科技委副主任童铠和他的同事们的心血。是他们用自己的聪明才智，填补了我国卫星地面接收站的空白，是他们用坚韧不拔的毅力，书写出我国空间事业的新篇章。

一、外国人能干的事，中国人也能干

为了使空间技术更好地服务于国民经济建设和人民生活，进入20世纪80年代，我国政府决定在研制极轨气象卫星的同时，开展静止轨道气象卫星的研制工作，从而建立我国气象卫星应用

体系。而静止轨道气象卫星必须依托大型地面站，才能完成多种云图、数据的获取、转播和对卫星进行控制管理，因此，这座地面站是星地间传输信息的枢纽，没有它，卫星就不能发挥作用。

1988年，静止轨道气象卫星研制工作启动后，地面站的研制被提上了日程。而当时国际上这样的地面站也寥若星辰，卫星已经上马，不能没有地面站，如果向国外买一个全套的地面站，当然省事，可昂贵的外汇让人生畏。为国争光的强烈使命感逼得他们负重上路。在众多科学家中，领导选中了童铠，就这样，以童铠为总设计师，以五院503所为主，组成了一个120人的研制队伍，一场创造世界奇迹的战斗开始了。

自从1959年走出苏联列宁格勒电信工程学院的大门，副博士童铠就和航天结下了不解之缘。几十年来在我国空间事业的田野里耕耘，童铠以其崇高的爱国热忱和勤奋的工作，曾先后获得国家科技进步特等奖和一等奖及其他名目繁多的奖励。作为“国际知识分子名人录”里的名人，由他主持地面站的研制，是当之无愧的，也使他的同事们在创造世界一流、亚洲之最的征程上，平添了许多信心。

童铠和他的同事们从接受任务的那一刻开始，面对的就是一个陌生的世界。地面站关键设备数据缓冲器只有美国有，这种技术是严密封锁的。设备上必须使用的大功率管国内才刚刚开始试制，而这种元器件从国外进口是不可能的，一个又一个的困难摆在他们面前。面对一个又一个的难题，各分系统设计师们常常一筹莫展。

怎么办，靠花钱买一座地面站，国家又没有那么多钱。同时，靠买，永远也买不来现代化；靠买，永远也掌握不了研制技术。面对重重困难，童铠和他的同事们认准一个理：外国人能干的事，我们也能干，而且能干得更好。他们要用自己的实际行动告诉世界，中国航天人无往而不胜！从此，一场攻关的战斗，在503所、在五院各有关单位打响了。

童铠不仅能亲自解决某个具体问题，更能为下属提出解决问题的思路和方法。每当攻关受阻时，他都深入现场听情况，看现象查数据，然后提出解决问题的思路。

在星地对接试验时，遥控指令出现大、小回路随机误码或错码现象，这是关系到卫星能否生存和正常工作的大问题，主管设计师费尽千辛万苦也找不出故障点。童铠得知这一情况后，立刻赶到现场，与科技人员一起分析故障原因，经过一段时间的周密分析后，他建议用逻辑分析仪查看输出波形，并同设计师们一道连续两天目不转睛地盯着显示屏，捕捉微小的异常变化。最后，终于准确判明了故障，修改了软件程序，使问题得到了解决。

按设计要求，测距零值实跳精度不能大于 15 米，然而在测试中，不听话的仪器常常是一跳就是 20~30 米。根源何在？设计师百思不得其解。问题自然要报到童铠那里。童铠仔细察看、分析后，建议绕过校零环进行测试，结果发现是校零环出了毛病。怎样排除这一故障呢？他提出取消其中的三个滤波器，经过修改，测距精度终于达到了要求。

地面站的监控系统计算机软件，是整个系统的关键，如果编制不出来，监控系统就无法应用。主控设计师王彦广接受任务后，一头扎进了实验室，以其扎实的专业基础，走上了攻关的征途。在长达 5 个月的时间里，他和同事们吃不下饭、睡不稳觉，经过奋力拼搏，终于设计出上万条可对全站进行自动管理的应用软件。当他们攻克了这一技术难点，走出实验室时，每个人都瘦了一圈儿。每当同事们向他们祝贺时，王彦广总是说："出了成果是应该的，完不成任务，是航天的耻辱。"从 1993 年 6 月开始，地面站多次进行星地对接和应用系统联试，先后出现技术难点上百个。每个问题他们都是这样一点一点攻克的，每当看到他们这样拼命工作时，人们都说："在他们身上，体现了中国知识分子锲而不舍的精神。"

二、要干就要干出第一流水平

地面站研制队伍，是一支能打硬仗的队伍，他们有一句响亮的口号："要干就要干出第一流水平。"

总设计师童铠以"严"著称。他不善言辞，作风严谨，在工作中，即使是一个细小的问题，他也绝不放过。

从 20 世纪 80 年代末地面站投标方案开始，一直到设计、施工和验收评审，每一个细小环节，他都要一一严格把关，对各项技术文件和参数，逐句逐字审核修改，甚至连标点符号也不放过，重要的数据每次都是亲自推算。

1993 年 5 月，地面站工程进入了最后阶段，在进行频率综合器验收时，屏幕上显示出的几个点频数据处于临界状态。按说这种情况抬抬手是可以放过去的，又何况用户也并未提出其他要求。到底怎么处理，大家说法不一，人们的目光一下子投向了童铠。作为一个老航天人和地面站的总设计师，他深知在 5 年的时间里，这台仪器耗费了多少人的心血，走到今天已着实不易，可是他更知道高精度地面站意味着中国人的水平。他要用事实告诉世界，中国人能够创造奇迹。

面对着领导和同事们询问的目光，童铠斩钉截铁地说："临界说明还有距离，说明我们的工作还没有做到家。科学无止境，只有最大限度的高精度，才能保证第一流水平的地面站。我的意见是重新返工。"

童铠在与自己较劲，也在向世界卫星地面指令与数据接收站技术的制高点攀登。他的意见得到了院领导的支持。于是，在他的带领下，一场拿出高精度频率综合器的攻关又开始了。经过多少个不眠之夜，耗去了多少精力，谁也无法统计，在他们的艰辛努力下，具有世界一流水平的频率综合器终于诞生了。

这只是童铠和他的同事们攀登世界高峰的缩影，透过它，我们分明看到了我国航天人献身航天的坚实脚步，看到了航天人勇于拼搏的奋斗精神！

三、唯有实干才出实绩

气象卫星地面站设计研制工作量之大，任务之重，是难以用语言表达的，在向世界先进水平迈进的征途中，无不展现着中国航天人的拼搏精神，展现着这支由 120 人组成的"国家队"的风范。

高 30 米、重 40 吨、直径 20 米的圆盘天线，由如同长江大桥钢梁粗的纵横钢梁支撑。这台庞然大物从方案设计到安装、调试，只用了 8 个多月就完成了。为了保证安装精度，试验队的同志们冒着严寒酷暑，在不同的气候条件下，昼夜观察、测试。严冬零下 20 多度的气温，冻得他们浑身发抖；盛夏

40 多度的气温热得他们透不过气来，加上蚊虫叮咬，浑身都是疙瘩，可是没有一个人叫苦喊累。天线吊装正赶上北京最寒冷的冬季，他们硬是在野外日夜奋战 3 个多月，保证了任务的完成。

在地面站建设中，童铠深知时间对于一个科研课题，对于地面站意味着什么，因此，在攻关最为紧张的阶段，他的时间表常常不是以星期或天为单位的，而是以小时，这个时间表没有白天和黑夜，更没有周末和节假日。在工作现场忙碌了一天，回到家后，常常又是他上班的开始。他就像一架上足了发条的机器，总是在不知疲倦地工作着，无怪乎同事们都说他是个工作狂。

地面站技术攻关初期，研制遇到了同步数据缓冲器数字锁相环无法锁住的问题。他连续观察了几天故障现象后，捧着厚厚的一摞资料回到了家里，一夜未合眼，赶在上班时拿出了两页纸，上边记着蚂蚁大小、密密麻麻的有关公式和数据。分管设计师按照他的指点，不出 3 天，问题迎刃而解。

1993 年 4 月，四项解调器在调试中快捕时间总是达不到要求，童铠立刻飞到西安。下午 3 点到达后，连水也顾不上喝一口，就直奔实验室，一个多小时后，就把故障现象搞了个一清二楚。回到住处后，他匆忙吞了几口饭，就把自己关在房间里，摊开了纸，开始画图、计算。第二天早晨，他把结果和排故方案交给了分管设计师。接着，顾不上休息，又与设计师们一道攻关，经过几易方案，终于使各项技术指标都达到了设计要求，直到这时，他的脸上才露出了些许笑容。

夜以继日的拼命，铁打的身子也抗不住。一天，正当童铠和同事们在研究技术问题时，他突然病倒了，鲜血从他嘴里喷了出来。见此情景，在场的同事马上把他送到医院，经检查是胃大出血，他不得不离开紧张的攻关战场。躺在医院的病房里，他常常望着雪白的墙壁发呆。他最不放心的是研制进度，是他们的地面站，因为他知道这件事关系重大，卫星发射在即，地面站投入使用的进度不能拖。因此，病情稍有好转，他就跑了出来。从此，他常常揣着药片，胃疼难忍时就偷偷吞下几片，坚持战斗在各个研制现场。

“事业是干出来的。”这是地面站副总设计师、研究员邱贤佐常说的一句话。

这位在航天战线奋战了39个春秋的老同志，为了地面站早日建成，不顾严重胃病，始终坚持在第一线，现场指挥设备的安装调试和联试工作。晚上回到家里，还要进行技术文件的编写、汇总、审查和复核，经常一干就是一个通宵。长期从事繁重的工作，使他最终病倒了。在大家的再三催促下，他才在家里休息几天。可就是这几天，他也舍不得浪费，仍编写和整理了大量的技术资料，同时，还完成了总体实验室的技术改造和设备配套报告。1993年1月，地面站研制进入了关键阶段，为完成联试大纲的编写，他利用春节放假的5天时间，编写了七八万字的联试大纲，提前做好了联试的准备工作，保证了整个工程的按期进行。正当地面站与卫星初样状态原始云图星地对接试验最为紧张的阶段，胃病折磨得他难以忍受，人们实在不忍心看着他这样还坚持在第一线，都劝他赶快去看看，可是他深知作为实验队长肩上的责任，忍着病痛的折磨，仍坚持战斗在第一线，带领全体参试人员，克服重重困难，奋战了4个月，创造了连续处理四幅原始云图不错一行的成绩，为原始云图信道的正样研制奠定了基础。邱贤佐从不空喊自我价值的实现，但从他身上，我们看到了一代知识分子的实干精神，看到了中国航天人的追求和风采。

四、世界一流的大型地面站

1997年10月27日，在著名专家王大珩主持下，国内一批享有盛名的光学、电子和卫星应用工程专家云集北京，在中国航天工业总公司召开了静止气象卫星指令与数据接收站（国际统称CDAS）部级鉴定会。鉴定委员会听取了《CDAS研制工作报告》《测试报告》《资料审查报告》及《验收意见》，与会专家怀着极大的兴趣参观了CDAS的工作情况。经过讨论认为，CDAS是我国自行研制的第一套大型气象卫星地面站。它集卫星遥感图像接收与实时处理、多种云图广播与数据通信、对卫星跟踪、长基线多站测距、遥测遥控等多种功能于一体。全站累计运行时间至今已达7000多小时，经过了卫星在轨测试及调试试运行考验，系统功能完善，全部技术指标达到或超过任务书要求。它是继美国、日本和欧洲之后具有国际水平的大型气象卫星地面站。

国家气象局高级工程师郭关生等专家认为，CDAS的图像获取系统与卫星匹配良好，达到了 0.1 可见光像素的高精度，所获图像质量达到了国外气象卫星水平。在创造性的方案构思、制定技术途径和解决系统的分机具体技术问题上，都做出了重要贡献。尤其是解决了图像同步配准关键技术问题，首创了先存储后软件重采样方案，其功能与指标均超过了美、日原方案，达到了国际先进水平。同时解决了三点测距数据处理、原始信息快捕、图像畸变、最佳容错、与 GMS 兼容、副站收发干扰等难点问题，使 CDAS 性能指标达到了十分完善的地步。评委一致认为，CDAS 是一项复杂的高技术系统工程，其综合技术水平达到国际上 20 世纪 90 年代同类产品先进水平。

童铠和他的同事们以自己的实际行动告诉我们，一份耕耘，一份收获，振兴航天，只有拼搏。

一波三折的东方红三号卫星

冯春萍

设在大凉山深处的发射场，四周山清水秀。在蓝天白云的映衬下，发射塔显得分外妖娆。

这是 1994 年的早春。东方红三号卫星总设计师范本尧与一支试验队来到了这里。这群从事九天播星事业的人们，在紧张的工作之余，享受着这里的丽日蓝天。

然而，天有不测风云。4 月初的一天，像往日一样，吃过早饭后，发射队员们按工作程序纷纷进入各自岗位。范总与一些人就工作进展情况交换意见。10 点多钟，一声巨响突然从远处传来，紧接着，消防车鸣着笛一辆一辆呼啸着由近到远，发射场区顿时笼罩在一片不祥的气氛中。人们纷纷跑出工作间，抬眼望去，只见卫星测试厂房上空黑烟腾起。“着火啦！”醒悟过来的发射队员立刻奔向出事地点。

一场意外事故导致了测试厂房起火。始而惊慌继而镇静下来的人们，顾不上浓烟刺鼻，在一片火海中手拉肩扛快速抢救着卫星用的地面设备。

范总也是一惊，赶到现场方感万幸。原来，为了加快卫星测试进度，在头天晚上的例行调度会上，大家一致同意连夜将卫星拉出测试厂房，推进旁边的一个检漏间，为第二天的工作提前做好准备。这项工作马上得到落实，工作人员不仅很快照此办理，而且还把卫星吊装进了检漏容器中。

具有防爆能力的检漏间无疑使卫星进入了一个安全地带。谁能想到，一个小小的决策，无意中竟挽救了这颗星的“生命”。

不幸的是，部分地面设备还是遭受了不同程度的损伤，加上厂房受损也需要恢复，发射工作只好延期了。

在经过了 8 个年头的研制之后，1994 年 11 月 30 日，东方红三号通信卫星终于昂首矗立在高耸的发射塔旁。凌晨 1 点 03 分，伴随着隆隆的轰鸣声，我国新研制的长征三号甲火箭成功地将东方红三号卫星送入预定轨道。

夜已经很深了，为驱走冷风带来的寒意，食堂为发射队员们备下了大桶的姜汤和紫米粥。沉浸在喜悦中的人们便以粥代酒，互祝成功，许多人兴奋得彻夜难眠。

作为卫星研制者，火箭腾飞之际，远没到他们欢呼之时。卫星要经过许许多多次的调整、变轨后才能最终宣告定点成功。看着兄弟单位——中国运载火箭技术研究院的发射队员们已燃起篝火、放起鞭炮，卫星的研制者们却不敢让心情放松。范总发现，他的“前任”——原东方红三号卫星总设计师、当时的中国空间技术研究院院长戚发轫，几次被人拉进舞场，几次又悄悄地“溜走”。他知道，戚院长以及其他的许多人都和他一样，内心深处正交织着紧张与不安，都焦急地等待着坐专机赶往西安卫星测控中心，去参加卫星的测控指挥。

情况不像人们期待的那么好。卫星在成功地实施了第一次远地点发动机点火之后，由于姿控推力器泄漏，卫星姿态失控。虽经一个多月千方百计的挽救，又进行了两次变轨，使卫星进入了 36000 公里的地球同步轨道，但终因推进剂耗尽，而使卫星无法定点。

1995 年 1 月 7 日，新华社向全国发了一条文字很少的消息——《推力器

泄漏 燃料耗尽 东方红三号卫星未能投入使用》，文中称：“我国1994年11月30日用长征三号甲运载火箭成功地将东方红三号通信卫星送入预定轨道以后，卫星经过三次变轨，进入准同步轨道。由于星上姿控推力器泄漏，燃料耗尽，致使卫星无法定点投入使用。星上其他各系统经过测试和试验正常。记者从有关部门获悉，正在总装中的第二颗卫星改进以后，将再次组织发射。”

文字虽少，压力却落在研制者的身上。

1996年年初，另一颗卫星在试验中发现一个元器件有问题，恰好东方红三号使用的也是这种元器件。为慎重起见，所有这种元器件均要全部更换，星上其他各种元器件均要补做破坏性物理检查。要知道，星上装有几百种几万个元器件呀！

这项工作一干就是一年。

1997年5月12日，世人的目光齐聚地处中国西南边陲的发射场——西昌。震天动地的巨吼声中，东方红三号卫星被稳稳地送入了太空。5月20日，卫星成功定点于东经125度赤道上空。这颗耀眼新星的升起，标志着我国通信卫星的设计水平从此跨上了一个新台阶。

“大海捞针”，寻找多余物

孙宏金

1999年9月19日，吃罢早饭，资源卫星试验队卫星制造厂分队的同志们就走进测试大厅，开始了新的一天的战斗。为了赶进度，他们已连续加班两天，眼看太阳帆板合拢就要结束，队员们个个沉浸在喜悦中。

下午2点多，中巴技术人员开始进行太阳帆板收拢锁紧、安装切割器工作的最后一道工序——拆除太阳帆板吊挂装置。

资源卫星太阳帆板是巴西专家组装的。此前，在中巴两国的技术文件中，未对这道工序使用什么专用工具提出要求，现在却发现麻烦来了：4个直径3毫米的螺丝钉与太阳帆板之间，仅有近2厘米的间隙，夹在间隙中间的螺钉头“一”字型槽只有1毫米宽，一般的螺丝刀伸不进去，必须使用专用工具。

从事过几十颗卫星总装的卫星制造厂的同志，也从未在这种状态下进行过操作，因此，手头没有这种工具。

巴西科技人员赛留此时才仿佛发现了事态的严重性，他的额头冒出了细汗。他爬下支架车，拿出一把螺丝刀，试图将头部弯成90度，可用力一扳，“啪”的一声，螺丝刀断了。中方人员找来其他代用工具进行试验，也不行。

是等巴方出文件，或制作出专用工具后再干，还是想其他办法解决?

按说，如果是在卫星制造厂，制作这种工具犹如小菜一碟。可眼下是在发射中心，确实没有制作这种工具的条件。

怎么办？下道工序还在等着，不能拖！钳工技师李桂良想到了用手术刀。“来，实在没办法，用这个刀背试试。”说罢，他敏捷地爬上了支架车。

“刀片太脆，千万千万小心。”分队长张成礼反复叮嘱李师傅，自己也爬到另一台支架车上，站在上边观察。车间主任贾建民则蹲在下边盯着地面，还在地上铺了一块海绵，以防螺钉、垫圈万一滑落地上，能够立刻找到。

站在支架车上，歪斜着身子操作本来就十分不便，加上螺丝钉拧得很紧，当拧下第三颗螺丝钉时，李师傅的手开始发抖，再也没有劲了，这时，在一边担任二岗的同伴见状说：“来，剩下这个交给我。”

李师傅也担心再干下去会出问题，于是，他挪开了身体，把手术刀交给了同伴。然而，就在同伴采用李师傅的姿势稍一用劲时，只听“咔啪”一声，令人担心的事情发生了，1厘米多长的手术刀断了，刀尖不知去向。

眼看就要结束这道工序，刀尖却丢了，大家万分着急。在场的工人们立刻绕着卫星周围，星上、星下、身上、身下，20多双眼睛犹如20多部雷达，不停地在搜索。

卫星上是不能有多余物的。如果刀尖把太阳帆板与卫星的连接导线扎坏，将导致卫星失去能源。资源卫星下面是运载火箭的三级仪器舱，如果刀尖掉进火箭中，将可能带来极大的隐患。大家深感事态的严重性。所有人迅速来到工作间，脱下工作服、工作帽，使劲地拍打，把衣兜和帽子翻过来、翻过去，一遍一遍地检查，甚至把鞋子也脱了下来检查，可还是毫无结果。直到晚饭前，刀尖仍无踪影。

分队长张成礼对试验队长、总指挥王和忠说：“我们决定，如果再找不到刀尖，就展开帆板，如果还找不到，就拆开热控层，非搞个水落石出不可。”

然而，巴西专家却怎么也不同意展开帆板。是的，帆板是他们承制的，作为工程技术人员，对产品负责是可以理解的。专题会上，中巴专家激烈地争执着。两国专家各抒己见，争得面红耳赤，帆板打开与否，两种意见相持不下。

总指挥王和忠和总设计师陈宜元坐卧不宁。作为为空间事业奋斗了几十年的老同志，资源卫星倾注了他们十多年的心血，眼看就要上天了，却发生了本不该发生的事，下一步该怎么办？他们想到了最后一步棋——展开太阳帆板，可这样做要冒多大的风险哪？决定好做，可一旦出了问题，怎么交待？即使这样，他们还是部署技术人员研究重新展开帆板的工艺技术问题。

开饭了，面对丰盛的饭菜，试验队员们却个个盯着饭菜发愣，小小的刀尖就像扎在他们心上，隐隐作痛。饭后，试验队员们不约而同地来到厂房。时间一分一秒地过去，可那该死的刀尖却始终没有踪影。

夜里 10 时 30 分，大厅内的人仍在搜索，在厂房的一间会议室里，试验队各分队领导和专家会议正在召开。围绕着小刀尖究竟是找还是不找，下一步怎么办的争论正在进行着。

薛继忠、王和忠、陈宜元等领导和专家静静地听着、思考着。

半个多小时过去了，薛继忠清了一下嗓子说："我讲几点意见。"此时，会议室里几十双眼睛一起射向了他。

"刀尖不在星上就在地面，难道小小的刀尖能长翅膀飞了不成？请同志们想一想，刀尖找不到，怎么体现中央领导'一丝不苟'的要求？怎么体现'严慎细实'的作风？怎么保证发射成功？如果由于这个小刀尖而出了问题，我们怎么对得起党，对得起人民？"

稍微停顿了一下，他接着说："我的意见，第一，要再组织人力继续查找，排除刀尖在星下的可能性；第二，如果还找不到，就展开太阳帆板检查。反正无论如何，要一追到底，宁肯推迟进度，也要把刀尖找到，这一点绝不能含糊！"

时针指向夜里 11 时 30 分，大厅里的人们仍在不知疲倦地找着。

有人站在支架车上用望远镜看；有人趴在地上用放大镜看；水磨石地面

的每个缝隙都被吸尘器和磁铁吸了一遍又一遍……

场地围栏杆上有两个孔，会不会掉到这里了呢？于是，有人把它拆下来，一遍又一遍拍打，用手电筒照。

20日零时40分，在搜索仍然毫无结果的情况下，试验队领导下令停止搜寻。在领导一遍又一遍的催促下，大家极不情愿地撤离了厂房。

这一夜，试验队领导和队员的心都沉甸甸的，大家翻来覆去睡不着。

20日早晨，许多队员不等班车发车，就步行来到厂房，开始了展开帆板的准备工作。还有一部分人留下来继续搜寻。

下午2时40分，随着张成礼一声令下，帆板缓缓展开。当帆板完全展开时，巴西专家赛留第一个跑上前去，他一眼就发现了躺在帆板根部铰链法兰盘内锃亮的三角形刀尖。

“找到了，找到了！”他激动地大声呼喊。此时，在场的人也激动地跳了起来。

“胜利了！”张成礼一边大声呼喊，一边把双手举过头顶，手指呈“V”字状，继而，他双手使劲拍打头顶，捶着胸脯，两行热泪簌簌地流了下来。

在场的人有的拥抱在一起，有的趴在桌子上，有的手扶着墙壁，双肩不停地颤抖……

这是对来之不易的胜利的表达，是几十个小时压抑情感的宣泄，是对资源卫星钟爱之情的释放，也是对“严慎细实”的最好诠释……

一个接触不良的插座

时 旭　杨 建　宋丽芳　张 磊

一天下午，卫星电测实验室里正做着用地面电给嫦娥一号卫星加电测试的试验。突然，电源控制器的指针晃动了一下，从正常的 5 伏变成了十几伏。这个小小的变化，立即引起了电总体组研制人员的警觉。研制人员立即把这一情况报告给了总设计师叶培建。

“马上停止供电！”叶培建如临大敌，他急匆匆地跑到电测间，因为他知道，过高的电压会在一瞬间烧毁星上元器件甚至组装完毕的卫星。

研制人员立即拔掉卫星与地面电源的接口。

接着，卫星总体研究室的研制人员开始单独检查地面设备。一次，没问题；两次，没问题；三次……

“难道是星上设备出了问题？”叶培建担心地想。他在心里默默希望这个最坏的估计不是真的。按计划，大家要在第二天把星上设备转移去做力学试验，万一此时星上设备出了问题，力学试验肯定要被推迟，生产周期也势必延长，这将影响整个嫦娥工程的进度。

叶培建的心提到了嗓子眼儿，在这关键时刻，他和龙江、孙泽洲、饶炜等人研究决定：一部分人继续检测地面设备，另一部分人着手应急预案的准备工作……

又是多次检验，仍然没有发现地面设备有问题。

凌晨两点，问题还没有找到。叶培建急得嘴唇起泡，测试人员一个个眉头紧锁。

这时，一个小伙子从仪器旁边走过，他无意识地触动了一下电缆。突然，电脑显示屏上的电压曲线奇迹般地上扬了！

盯在屏幕前的研制人员惊叫起来："叶总，快看，动了！"

"问题在地面！"叶培建说。

于是，大家开始查找电路问题，一节节导线、一根根电线地排查，终于找到了那个接触不良的电源插座。

然而，精益求精的叶培建不允许事情就此打住，他又组织研制小组一遍遍地进行反向试验，直到确信问题只是由于电源插座引起，而没有其他问题后才算罢休。

这时，天快亮了，整宿没回家的科研人员在试验台边随便找块海绵，和衣躺在地上就睡了，年近花甲的叶培建也和大家挤在一起睡了起来。

刘纪原力促载人航天工程上马

丁　楠

为了促使载人航天工程早日上马，早在 1989 年以前，航空航天部副部长刘纪原就和副总工程师白拜尔以及一些一线专家组成课题组，与“863 计划”专家组同时对发展载人飞船的可行性进行论证。刘纪原组织的航空航天部论证结果是：从技术准备上，捆绑式火箭已经成熟，为飞船的发射打下了坚实的基础；而返回式卫星的多次成功经验，遥控、遥测、防热、返回的关键性技术突破就是飞船安全返回的保证；从技术储备上来说，我们完全可以实现载人航天计划，关键是要有国家的决策和支持。

1991 年 1 月 7 日，航空航天部成立了载人航天工程领导小组，刘纪原出任组长。在刘纪原的指导下，由 19 名技术人员组成的联合论证组，在“863 计划”专家组已完成顶层设计的基础上，重点对载人飞船工程设计，包括技术指标、需要攻关的关键技术、需要建设的大型设施、技术方案和经费的可行性等进行论证，以便为中央决策提供基础。

刘纪原回忆说："历来任何一个国家的航天工程都是高层领导决策的，但是，我国的载人航天议题一直没有摆上国家最高层的议事日程。所以我就想，能不能让小平同志知道这个事情，提出意见。"

这一天，刘纪原回到家，甩掉上衣，拧开灯，展开纸，开始思考给邓小平同志写信的提纲。

邓小平同志能不能收到这封信?

这之前，刘纪原曾找过二炮副参谋长栗前明，栗前明说："这是大事，你写吧，剩下的我来办。"

1991 年 1 月 30 日，中国宇航学会、中国科学院、国务院发展研究中心联合举办中国航天高技术报告会。这是一次对推动我国载人航天工程决策具有转折意义的会议。

会议由中国宇航学会理事长任新民和中国社会科学院副院长刘国光主持。出席会议的有中国科学院院长周光召，国务院发展研究中心顾问马宾，外交部副部长余湛，航空航天部副部长刘纪原，第二炮兵副司令员杨桓、副参谋长栗前明，国家气象局副局长马鹤年，中国科学技术协会副主席庄逢甘，中国自动化学会理事长、"863 计划"发起人之一杨嘉墀，国务院发展研究中心副局长邓寿鹏等各有关部门的领导和专家、学者 100 余人。会议讨论的主题是：一、航天技术在国家战略中的地位和作用；二、建立以航天技术为龙头的高技术发展区的构想；三、抓住机遇，尽快启动中国载人航天；四、真正落实"科学技术是第一生产力"的政策。

会议当天，刘纪原副部长刚从内蒙古调研回京。火车到站时，他对航空航天部计划司总工程师张宏显说："你先送我去会场，到会场后，你先不要留下来参加会议，先回部机关去，把我们写的《关于开展载人飞船工程研制的请示》和《关于发展我国载人航天技术的建议》取来封好，送给参加会议的二炮副参谋长栗前明，什么话也不要说。"

张宏显将封在牛皮纸口袋里的文件送给栗前明时，只说："这是刘副部长让我送给您的。"

"你告诉刘副部长，我一定送到。"栗前明回答。

张宏显清楚地记得,在《关于发展我国载人航天技术的建议》中,特别写道:“上不上载人航天，是政治决策，不是纯科技问题，不是科技工作者能定的。要靠统一认识，这是不可能的……我国航天事业的发展，面临老一辈无产阶级革命家领导创建的、得来不易的航天国际地位得而复失的危险。恳请中央尽快决策。”

时隔不久，刘纪原得知邓小平同志十分重视这件事。从此，关于载人航天的争论已经由上不上的问题转到了上什么的问题。

宝贵的一票

时 旭 杨 建 宋丽芳 张 磊

1961年，苏联航天员加加林遨游太空，人类首次实现了飞天的梦想。

1971年，中国航天人也开始了圆梦之旅，中国第一艘载人飞船诞生在精心设计的图纸上，而且有了一个像模像样的模型和一个响亮的名字——“曙光号”。然而，由于当时的技术和经济条件所限，“曙光”最终沉没于“文革”的标语口号之中。

度过卧薪尝胆的艰难岁月，党中央于1992年审时度势，批准了载人航天工程。比起苏、美，尽管中国晚了30多年，但是，曙光毕竟再次亮起，厚积而薄发的光芒，将一泻千里，势不可当。

起步晚，但技术不能落后；成本低，但质量要高。在论证神舟飞船总体方案时，载人航天工程总设计师王永志确立赶超的标杆——俄罗斯联盟号载人飞船。

“联盟号”是俄罗斯的第三代飞船，是世界上可靠性最高、发射数量最多、使用时间最长的载人飞船。从20世纪60年代开始，联盟号飞船已经载人飞行过约200次。“联盟号”由推进舱、返回舱、轨道舱三个舱段组成。

按照跨越式发展的思路，王永志主张中国的载人飞船无须再走苏、美两国起步阶段走过的两舱方案，应该直接上三舱方案。这三个舱的名称和功能分别为：推进舱，是飞船的动力系统，里面装有飞船的电源、发动机推进剂储箱等设备；返回舱，是乘员座舱和指令舱，供航天员从地球出发和返回地面时乘坐，也是天地间联系的信息枢纽；轨道舱，是航天员生活和工作的场所，也可作为一颗科学实验卫星，留轨利用半年，还可改作为交会对接的目标舱。有关部门把以此方案为基础作的论证报告，上报给中央专委，支持三舱方案的专家有很多。

也有另一种意见，就是只有返回舱和推进舱的两舱方案，其理由是两舱方案的逃逸技术相对简单，安全系数高。支持这一方案的专家也不少。

在中央专委组织的飞船总体方案复审会上，对于“三舱”方案，专家们再次出现了分歧，有人坚决支持，有人坚决反对。

“公说公有理，婆说婆有理”，人人都是为了对载人航天事业负责任，争论从会上争到了会下。

方案无法统一，下一步工作就没法开展。中央专委领导心急如焚，把统一思想的任务交给了航空航天部。

航空航天部领导动用航天界的五位权威专家解决这个难题，部长林宗棠攥着拳头轻轻地捶着桌子：“他们定啥就是啥！”

五位权威专家是任新民、庄逢甘、白拜尔、王永志和戚发轫，组长是任新民，他参与了中国航天事业的开创，是中国航天事业发展的见证人，他当仁不让地成为“五人小组”的组长。

经过周密准备，任新民主持了飞船结构论证会。

这是两种设计思想的正面交锋。出乎意料的是，四位组员的投票结果为二比二。也就是说，四位老专家中一半支持从两舱方案起步，一半支持直接上三舱方案。

任新民摸着花白的头发，不敢轻易投下他宝贵的一票。因为他投哪个方案，中国载人航天就将从哪个方案起步。

任新民沉默了良久，思忖了良久，最后抬起头说："今天就先到这儿，大家再等我想一想。"

论证会就这样散了。

任新民怀揣着宝贵的一票继续四处调研，深入分析。几天后，他下定决心把这一票投给"三舱方案"。"多搞一个轨道舱，就相当于在天上预留了空间实验舱。一艘飞船发射上去后，轨道舱留在天上，以后下一个飞船上去可以与它对接，这就是搞三舱的最大优点。虽然我起步晚，但你搞了三四十年的东西不也就这样吗？中国飞船刚一出世，从战略构想上就站到了世界航天科技的前列，一步就赶上世界先进水平，就和你并驾齐驱了。"任新民特别通俗地表达了自己的想法。

其他专家的态度早已明确，任新民也不必再开会了，他把结果报告给林宗棠。林宗棠很高兴："就从三舱搞起！"

就这样，中国载人航天工程很快进入了实施阶段。

电性船改成试验船

田　宁

早在载人航天工程立项的时候，就定下了“争八保九”的目标：争取在1998年、保证在1999年让第一艘飞船上天。

可是，就在1997年年底，大家才发现，整体工程慢了将近一个年头。运载火箭系统由于是在“长二捆”基础上改进的，有一定的技术基础，进度上比较快一些。飞船的试样产品许多还在做试验，没有投产，“争八”无论如何也不行了。就剩一年的时间，按照飞船系统正常的研制进度，“保九”也有可能成为泡影。

载人航天工程的整体进度，特别是飞船系统进度不乐观，使许多人对载人航天工程感到担忧，一些人对飞船到底能不能研制成功也产生了怀疑。任何一个国家，都不会容忍一个投资巨大的科研项目被无限期地拖延。形势对载人航天工程来说一天比一天严峻。

当初定下“争八保九”的目标，这是给党中央许下的承诺。一开始搞载人航天工程，就有很多人持不赞成的态度，如果这一承诺不能实现，后面的工作压力将会更大，甚至不排除下马的可能。

要想使载人航天工程顺利进行下去，避免中途夭折，航天人必须尽早拿出证明自己能力的成果来。

按照飞船系统整体安排，1998 年，要生产出 4 艘飞船用于地面试验，其中结构 I 用于整船振动试验；结构 II 用于结构静力试验和分离试验；第三艘是热控船，用于在 KM6 真空容器中做热平衡试验；还有一艘电性船，用于电性能测试，包括模拟飞行测试。

按照运载火箭系统的总体安排，在发射飞船前，必须结合发射卫星，先试一发火箭，以检验运载火箭的真实性能。

当时，国外卫星市场没有现成的发射合同，国内卫星也没有合适的发射任务。那么，首枚长征二号 F 火箭发射什么呢？

很早以前，有人提议搞“嫦娥探月”工程，发射一颗探月卫星，为此，有关研究人员还进行了为期一年的论证。此方案呈报给朱镕基副总理后，朱镕基副总理批示：能打好当然影响好，但若打不好，影响更坏。当前要集中精力搞好载人航天工程。

还有人提议搞一个亚轨道方案，即打一个“铁疙瘩”，像发射导弹一样在太平洋落下，纯粹为了验证火箭。

很多同志立即站出来反对：有这么好的机会，为什么只打一个“铁疙瘩”呢，什么也收不着，回收“铁疙瘩”还要出动舰队，费用太大。这个方案也没有把意见统一起来。

第三方案，是将神舟飞船的地面电性船经过适当简化，改装成试验船，结合运载火箭发射试验，进行第一次试验飞行。

这个方案最早是在 1996 年 1 月举行的一次方案汇报会上，由飞船系统的两位副总设计师王壮与郑松辉提出来的。他们是根据电性测试卫星改装成试验卫星的成功案例提出这一设想的，但由于当时初样船研制工作刚开展不久，对该方案没有进行深入的研究。

离长征二号 F 火箭试验发射的时间越来越近，有关运载火箭有效载荷的问题再一次成为大家议论的焦点。

经过反复论证，上下意见比较一致的，就是上述第三方案。

载人航天对中国航天事业来说，是从未实现过的领域，其安全性、可靠性要求很高，有许多技术细节在地面难以模拟，早日进行神舟飞船飞行试验，便于尽早暴露问题。改装试验船，还能够通过一个近期的、明确的目标，激励和调动已连续奋战6年的广大研制人员与各方面的积极性，对于全面促进和带动整个载人航天研制工作，对于如期完成飞船初样阶段研制任务起到很大的推动作用。

有不少人为此犯嘀咕：这样的船上得了天吗？谁敢用这样的船去冒险？

即便是总设计师，戚发轫也不敢说他有多大的把握与胜算，但他心里清楚，必须抓住这次难得的机会。创新就要敢于冒风险，成功孕育在风险之中。

戚发轫与各分系统的设计师们经过多次会商，决定采用飞船最小配置进行首飞，确保飞船上得去、回得来。最小配置，也就是说在飞船应有的13个分系统中，结构与机构，热控，制导、导航与控制，测控与通信，数管，推进，电源和回收8个分系统必须保留，而另外5个分系统可暂时不在这次考核之列。

1999年下半年，戚发轫率队远赴酒泉卫星发射中心，进行试验船合练准备。在热浪滚滚的沙漠地带，用4个月的时间，完成了飞船全部技术流程的演练，并与火箭系统、发射场系统和测试系统进行了对接。

1999年11月20日凌晨6时30分，新型长征二号F火箭托举着神舟一号试验飞船直上九霄。在太空飞行21小时后，飞船返回舱平安降落在内蒙古中部草原。多年来一直秘而不宣的中国载人航天工程，通过此次飞天壮举，震惊了国内外。

神舟四号飞船低温下发射

丁　楠

2002年10月16日，俄罗斯联盟－U火箭在点火升空29秒钟后发生爆炸，地面人员1人死亡，8人受伤。

2002年11月28日，法国阿里安－5型火箭发射，进入10秒倒计时时，制冷点火装置未能按预定程序启动，12月11日再次发射时，升空3分钟后突然爆炸，火箭上运载的热鸟TMT等通信卫星在烈火中坠入大西洋。

就在这种大背景下，媒体发布消息：神舟四号飞船将于2002年年底实施发射！

党的十六大之后，李继耐出任总装备部部长，载人航天工程总指挥的重担也落到了他的肩上。

在大指挥部会议上，李继耐说，神舟四号飞船可能是首次载人飞行之前最后一次发射无人飞船，飞船发射成功了，就是最后一次；如果有任何闪失，后期计划将被全盘打乱！2002年的天气不好，预测寒流会提前到来，发射场要把保温工作做好。

飞船、火箭各系统测试都进行得很顺利，联合测试也结束了，飞船可以加注推进剂了。

谁知寒流在12月15日就过来了，而且一波接一波，这对发射是一个很严峻的考验。

李继耐特意叮嘱发射场的几位领导，如果温度降到零下20摄氏度，必须保证飞船、火箭的测试安全！

飞船开始加注推进剂了，天气却一直在持续变冷。大家担心火箭整体转运到发射区之后，温度太低会使部分产品出现低温效应。密封件失效、电缆插头接触不良、输送管路堵塞等低温引起的故障，都有可能成为发射时的致命“杀手”。

虽然火箭的测试发射允许温度是零下20摄氏度，但这是根据推进剂、元器件等产品的综合因素计算出来的最低允许温度，整体上并没有做过这么低的温度试验。

发射区的保温工作，成了发射的一大难题。

一、火箭“穿”上了棉被

冬至将至，西伯利亚寒流从天山东部的口子上席卷而来，中国北方的温度骤降了十几摄氏度。2002年12月20日下午，一场大雪纷纷扬扬洒落下来。

“未来三天，发射场将持续降雪，之后会有较大的降温，预计最低温度可达零下26~27摄氏度。高空风速最高可达每秒42米！”发射场气象员预报说。

指挥部召开紧急会议，讨论即将到来的寒流天气对船、箭、塔组合体垂直转运的影响。

为了保证飞船和火箭的温度，加热空调不断给封箱里供热，以保证飞船和火箭的温度。

12月23日，船、箭、塔组合体具备了转运条件，原计划25日垂直转运到发射区，29日凌晨发射。

火箭发动机部分最怕冷，垂直测试厂房里的温度是17~18摄氏度，两个小时的露天转运，再加上调姿、塔架合拢，差不多需要4个小时。这么长的时间，如果火箭的温度降得太低，有可能会造成一些意想不到的隐患。讨论了半天，决定利用中午温度最高的时间转运箭、船、塔组合体。

24 日中午阳光灿烂，可以说是一个难得的好天气。吃过午饭，大家准备转运工作。垂直测试厂房的大门已经升了起来，乳白色的箭、船、塔组合体固定在转运车上，显得极为壮观。

指挥员一声令下，转运车缓缓启动了。两个小时后，火箭安全到达发射区。

发射平台合拢后，操作人员马上开始给火箭送热风。为了保证火箭关键部位的温度，大家又在二层和五层平台上放了两台小型热风机，专门给火箭一二级发动机舱体内送热风。

火箭贮箱舱体是金属材料的，散热很快。大家商量之后，决定用棉被把贮箱包起来。有人提议，封箱漏风的地方也统统拿棉被挡上。

200 条棉被运来了，操作人员先给棉被一一编上号，然后把火箭关键部位包了个严严实实。

2002 年冬季，载人航天发射场上，给火箭和飞船保温的各种洋办法、土办法都用上了。吹空调、套防寒服、贴泡沫塑料、捂棉被、电灯泡照射，各种保温办法在发射塔上“各显其能”。

载人航天工程副总指挥胡世祥看到火箭都用棉被包上了，一个劲儿地乐：“好啊，这也算是‘小米加步枪——土洋结合’的打法了！”

二、低温下发射，谁来拍这个板？

箭、船、塔组合体转到发射塔后，发射场的气温还在持续下降。有一天晚上，温度破纪录地达到了零下 32 摄氏度，厚厚的棉衣也无法抵挡寒风的侵袭。

酒泉卫星发射中心主任张建启叫人把场区 40 多年来的气象资料都找出来，统计的结果让他很吃惊：这个发射场没有在这么低的温度下实施过发射，这是开天辟地的第一次。

没有先例，谁来拍这个板？

中国航天科技集团公司总经理张庆伟、科技委主任王礼恒等带着航天动力技术研究院院长周为民、航天推进技术研究院院长雷凡培登上了发射塔。

张庆伟在塔上指着逃逸发动机问周为民："发动机在低温条件下的薄弱环节是氟橡胶密封圈。这小小的密封圈能否抗得住这样的低温？"

周为民回答说："我们已把这个情况传回院里，院质量处李树海副处长连夜查阅了院里所有发动机的低温试验数据，给出了在零下27摄氏度的低温条件下密封圈可靠、有试验成功案例的旁证。可是，由于试验条件有限，无法证明密封圈在超出这个温度以下是否还能保证安全。"

"我看，为了验证低温条件下密封圈的可靠性，有必要利用自然环境温度，在塔上进行这项试验。"张庆伟果断地说。

任务下达后，试验队员立即在现场气温零下27摄氏度的自然条件下展开测试。

为了保证数据的准确性，试验队员摘下厚厚的手套，一遍又一遍地测量。脚冻僵了，他们就拼命地原地起跳；手没了知觉，放在嘴里咬着；钢笔冻住了，塞到内衣里用体温融化。连续两天的试验，他们得出了确保发射成功的数据。

在做环境试验的同时，航天动力技术研究院逃逸发动机的设计师们，也在后方一遍又一遍地反复核对以往环境、温度试验中发动机变化的规律，为试验队传来了飞船发射前90分钟可以脱去保温棉被的试验结果，提出了发动机脱去保温棉被后的辅助保温措施。

不光是发射场气温很低，位于内蒙古大戈壁的主着陆场，风雪交加，气温降到了零下30摄氏度。大型的遥测设备虽然笨重，却也十分娇贵。一台仪器在低温下被冻得"反应迟钝"了，大家只好拿电磁炉给它加温。遥感操作全凭手感，戴着手套会影响测试精度，所以，即使再冷，操作人员也得光着手操作。冻得麻木了，知觉还在。一次测试下来，操作手满手满脸都是冻疮。

一个发射场，一个着陆场，都面临着低温的严峻考验。

李继耐也在时刻关注着发射场和着陆场的天气状况，由于自己不在现场，他特意提出让发射场根据实际情况来决定发射时间，如果天气实在不行，可以考虑推迟发射。

根据气象部门给出的28日、29日、30日三天的气象条件，指挥部将日期安排在了原计划的29日，但气象专家预计30日温度会有一个短暂的回升，这让现场的人们在发射日期的选择上又产生了分歧。

29 日凌晨发射，已经上报中央了，所有的发射程序都定下来了，李鹏委员长也要前来参观发射。这个时候改变发射程序，动一点，全局都得跟着变，在这个时候调整发射程序是最忌讳的。

27 日，张庆伟找到胡世祥，提出再讨论讨论低温下发射的事情。会议上，火箭总指挥黄春平说："我们的火箭不怕撞，也不怕冷，但为了稳妥起见，考虑到 12 月 30 日气温有可能回暖，建议发射时间定在 12 月 30 日。我们不要去赶那一两天时间，否则由于低温导致发射失败，我们就在历史上留下遗憾了。"

对于发射场来说，每推迟一天发射，对塔架的加温就要增加一天，七八十米高的塔架，需要多个加热器同时工作，才能保证里面的温度。由于没有备用加热电阻，往后推一天就增加一份危险。更重要的是，如果气象预报有误差，放过基本满足条件的 29 日，再碰上个不满足条件的 30 日，最终的结果很难预料。

2003 年元旦之后还将有一次更强劲的寒流到来，近期再也没有更好的气候和发射窗口。最后，胡世祥拍板，推迟一天发射，时间定在 30 日 0 点 40 分。

三、天公作美，发射成功

12 月 29 日，一贯"谈风论雨"的气象专家，如同三国时"借东风"的诸葛亮，再次被推到了大战的阵前。

29 日凌晨，气温低于零下 21 摄氏度。29 日下午，气温都在持续下降，并没有出现先前预报的气温回升迹象。发射现场所有人的心，都随着小小温度计上的水银柱而上下波动。

离发射时间越来越近了，此时，气象预报的发布者有点儿上刑场的感觉。

随着预定发射时间的逼近，酒泉发射场气温下降的趋势还是没有改变。

温度已经越过了零下 20 摄氏度的临界线。

距离预定发射窗口只有 1 个小时了，除非出现奇迹，否则戈壁滩上不会出现夜间温度上升的可能。

此时火箭的推进剂已经加注完毕，看着正在一点一点向下移动的水银柱，人们的表情越来越严肃。如果不能按时发射，后果会怎样，大家心里都很清楚。

然而，在 2002 年酒泉卫星发射中心所处的那片戈壁滩上，真的发生了让人不可思议的奇迹。就在距发射时间只剩 30 分钟的时候，戈壁滩上突然刮起了一阵东南风，本来一直向下走的温度，开始掉头回升了。

气象专家刘汉涛说："实况显示温度急剧回升，这个曲线还很陡，一个斜线就上去了，一直回升到零下 18.6 摄氏度，然后这个气温基本上在零下 18 ~ 19 摄氏度之间徘徊，一直持续到 30 日凌晨 2 点多钟。看到这个情况，我们心里轻松了很多。"

2002 年 12 月 30 日 0 时 40 分，随着长征二号 F 火箭点火，神舟四号飞船启程腾飞了。

给首飞航天员写封信

游本凤

上下五千年，泱泱我中华；千年飞天梦，圆梦在今天。

历史将永远铭记这激动人心的时刻：2003 年 10 月 15 日上午 9 时，我国自行研制的神舟五号飞船首次在酒泉卫星发射中心执行载人航天飞行任务，中华民族有史以来第一位航天员杨利伟坐在返回舱内准时升空；10 月 16 日早晨 6 时 23 分，杨利伟随飞船绕地球 14 圈、历经 21 小时后，平安返回内蒙古中部主着陆场预定落区。

千年飞天壮举，举世瞩目，举国欢腾的情景仿佛仍在眼前。而今，我国的载人航天工程又经历了多人多天、太空出舱、交会对接、太空授课等，一次次创新、一个个亮点，对中国载人航天工程来说，都是前所未有的，其影响和意义十分重大而深远。

回想 2003 年 7 月到 10 月间，我非常荣幸地参与了神舟五号飞行任务，与众多的航天人和基地指战员一起，将我国第一位航天员杨利伟送上了太空。作为亲眼目睹了这一段壮丽飞天历史的见证人，虽然已经过去了十多年，但每每回忆起当时的情景，仍然历历在目，犹在眼前。

一、载人航天，人命关天

早在 2003 年 7 月中旬，我们大队人马就悄悄地踏上了前往酒泉的专列，来到载人航天发射场，提前做好八院承担的飞船推进舱和各分系统的组装、测试、调试、检验、加注，以及与飞船总体的对接、匹配、联试等大量工作，同时还要做好与航天员在基地飞船内训练的磨合和协调等工作。当时，虽然我国已经对外宣布将于 2003 年下半年适当的时候执行载人航天飞行任务，但具体飞船在什么时候升空、有几位航天员上天、航天员叫什么名字、航天员在天上待几天，等等，这些对外界来说还属于保密内容，这是为了确保我国首次载人飞行的圆满成功。记得当时在发射场叫得最响的口号是：一切为载人，全力保成功；载人航天，人命关天。

在这之前的四年间，我国曾进行了四艘无人飞船的飞行试验，均获得了圆满成功。尽管如此，“神舟五号”毕竟是首次载人飞行，哪怕航天技术再成熟，研制水平再高超，太空飞行始终伴随着巨大的风险。2003 年的大年初一，美国的哥伦比亚号航天飞机在返回时解体坠毁，7 位航天员殒命太空。从理论上来说，航天飞机可以往返天地 100 次，而实际上，“哥伦比亚号”在第 28 次飞行中就“粉身碎骨”。还有在这之前的挑战者号航天飞机，在众目睽睽之下，发射时突然凌空爆炸，也使 7 位航天员瞬间丧生。而就在“神舟五号”发射之前的 8 月 22 日，巴西第三枚 VLS 火箭在临发射前因燃料泄漏，造成星箭在发射架上突然爆炸，20 多位航天专家当场罹难。航天悲剧一次次告诉人们，太空飞行的不确定性和意想不到的灾难，始终伴随着飞行的全过程。

在基地，在厂房，航天员就在我们身边。我曾仔细地打量过多位小伙子，觉得他们个个英俊，人人潇洒。尤其当最后从 14 位航天员中产生了由杨利伟、翟志刚和聂海胜三人组成的载人航天首飞梯队时，更加引起了基地所有航天人对他们的尊敬和景仰。

二、接受任务，意义非凡

在基地执行任务期间，作为专职宣传员，能参与我国史无前例的首次载人航天飞行任务，我感到既兴奋，又骄傲。为配合这次不同寻常任务的宣传，我们的日常工作还是很多的，出黑板报，出壁报，写简报，编刊物，整天忙得团团转。在基地期间，大家还针对这次航天员首飞组织了一些活动策划，其中有一项就是代表全体在基地执行“神舟五号”飞行任务的500位航天试验队员，给首飞航天员写一封信，倾诉衷肠。当时的载人航天试验大队党委副书记王春河将这一重要的任务交给了我。

接受任务后，我知道这可不是一般的写作任务，它有着特殊的意义，它将在我国的载人航天历史上留下一份宝贵的资料。记得我用富有深情的笔触在信中写道：

“亲爱的航天员同志（因为当时还未最后确定杨利伟上天，故先统称），我们虽然岗位不同，职责不同，但我们所肩负的责任和使命相同；为实现中华民族伟大复兴的目标相同；为共同圆一个古老的飞天梦想相同。

请您相信，500颗心与您心心相连，500颗心将伴随着您一同遨游太空；请您放心，我们一定以实际行动实践庄严的承诺：确保‘神箭’准确入轨，确保‘神舟’正常运行，确保您安全返回。

我们为您祝福。当您安全返回祖国母亲怀抱的时候，祖国人民一定会用最隆重的礼节欢迎您——载誉归来的民族英雄！”

信写好后，交给试验大队党委会进行讨论，我当时作为该信的起草者，特邀出席了党委会。经大家逐字逐句反复斟酌，仔细修改，最后定稿。就在这封信上，上至中国航天科技集团公司党组书记、总经理张庆伟，下至普普通通的试验队员，每一个在基地的航天人，都非常郑重地在信上署上了自己的名字，以表达航天人对航天员的敬重和祝愿之情。

接着，在基地大礼堂召开的500名航天将士动员誓师大会上，这封凝聚着10万航天人殷切期盼和美好祝愿的信，由中国航天科技集团公司副总经理许达哲亲手交给总装备部副部长、载人航天工程副总指挥胡世祥，并由他转交给首飞航天员（后来确定为杨利伟）。胡世祥当即表示，他一定不辜负航天人的期望，将这封信交给首飞航天员。望着这一激动人心的场面，全场顿时响起了一阵阵雷鸣般的掌声。

掌声刚落，又响起了我们500名航天将士的宣誓声："我郑重宣誓，牢记使命，恪尽职守，严慎细实，精益求精，同舟共济，拼搏奉献。……用卓越造就辉煌，用成功报效祖国！"

置身其间，感受庄重神圣的气氛，我们的心潮在激荡，我们的热血在沸腾。而作为这封信的起草人，我的心情更是异常激动。与此同时，我不由得想起八院试验队内也在开展的向航天员表决心、献心声活动，记得我献上的寄语是："亲爱的航天员——您驾飞船飞行，我就是您的方向盘；您驾飞船返回，我就是您的助推器；您驾飞船着陆，我就是您的降落伞。"我们每一个试验队员也都非常认真地写下了反复推敲的祝福之词，祝首飞航天员顺利升空，平安返回。一句句心声，一片片挚情，跃然纸上。

三、壮丽升空，千年梦圆

10月15日清晨，杨利伟就要出发，去完成伟大的历史使命。临行前，胡锦涛总书记一行来到问天阁（航天员下榻处），亲自为他送行。胡锦涛满怀深情地说："'神舟五号'马上就要发射了，这是你们盼望已久的庄严时刻，也是全国人民盼望已久的庄严时刻。一会儿，杨利伟同志将作为我国第一位探索太空的勇士出征，将肩负着祖国和人民的重托，去实现中华民族的千年梦想。相信你一定会沉着冷静、坚毅果敢，圆满完成这一光荣而又神圣的使命。我们等待着你胜利归来。"

上午，发射场的天气十分晴朗，万里无云，是一个飞船发射的极好天气。我们在发射现场亲眼目睹了杨利伟乘坐着神舟五号飞船升空。

记得神舟四号飞船点火升空时，我也在发射现场，那时虽然很激动，但不知为什么，没有像神舟五号这样动人心弦，令人梦绕情牵。连胡锦涛总书记也为了这次载人飞行，风尘仆仆地赶到发射基地。

确实，飞船上有人和无人就是不一样。为了载人成功的这一天，许多航天人为之奋斗了一辈子，航天人不正是为了圆这千年的飞天之梦吗？

航天将士啊，圆梦之时最动情，梦圆时分泪满襟！

神舟五号升空后，我们在基地做的第一件事，就是马上乘车赶回宿舍，在第一时间打开电视，迫不及待地观看飞船升空实况和飞船运行情况。

我非常清楚地记得，那天当我在收看香港凤凰卫视节目时，一位女主持人说，神舟五号飞船上的搭载物品有：两面中华人民共和国国旗、一面北京2008年奥运会会旗、两面联合国旗、若干人民币及载人航天纪念邮票、来自宝岛台湾搭载的农作物种子等，以及一封航天人写给杨利伟的信，上面密密麻麻地签满了500位航天将士的姓名。主持人还说，那封信就夹在杨利伟眼前的飞行操作文件夹内，内容虽然不多，但情深意切。杨利伟在太空中感到寂寞时，往往会读上几句航天人发自肺腑的献词。

人生几十年，弹指一挥间。今天，中国载人航天工程已经取得了无比辉煌的成就，建立未来的空间站，早已不再是梦想，坚实的基础已经奠定。作为一名普通的航天人，给杨利伟写信，也许只是一个美好的回忆。而曾经参与过我国首次载人航天飞行任务，这一记忆将永远不会磨灭。

4 人物篇

林爽同志的“五个不”和“三个一”

陈　蕾

2001年11月6日19时06分，受人敬重、令人怀念、为人楷模的中国共产党的优秀党员，原第七机械工业部副部长、党组成员林爽同志走了，他走得那么匆忙，那么安详。他博大无私的胸怀和平易近人的音容笑貌，将永远留在人们的心中，尤其是和他朝夕相处的亲人，1938年与他一起奔赴延安参加革命的老战友，为导弹、卫星、空间事业奋斗近半个世纪的老同事，以及最后时刻围绕病床的白衣天使们的心中。

林爽把名利看得十分淡泊，他常说：“名和利都是身外之物，一个人，为党、为人民做了多大贡献，是客观存在的，既不用别人去宣扬，自己更不用去计较，人来到这个世界，就应为社会做贡献，至于贡献多大，是每个人的思想水平与能力问题，只要他对社会能尽心尽责就可以了。”“荣誉确实是应该珍惜的，但是，荣誉只代表过去，更大的荣誉还要看每个人的今后行动。”

林爽是这样说的，也是这么做的。他病危时，看到孩子们脸上抹不去的忧伤，很坦诚地对亲人们说：“你们不用为我的病担忧，人之生是自然的降临，人之死亦是自然的回归。”他写下了破除传统习俗的“五个不”：“不发讣告，不设灵堂，不写生平，不搞告别，不留骨灰。”

这“五个不”，震动了整个航天系统的人，知晓者无不为林爽的高风亮节所感动。按照他生前交代，林爽的讣告也与众不同，既没有印黑框照片，也没印长篇的光荣事迹，连“讣告”的“告”字也换成“闻”字。他这张“讣闻”，把“谨此讣闻”算在内，简单得总共只有 144 个字。

林爽的高风亮节还体现在遗嘱里的“三个一”，即从他平时省吃俭用存下来的有限工资里，“拿出一万元交党费，拿出一万元捐赠希望工程，再拿出一万元给航天基金会”。

凡看过这篇无私奉献、立党为公的遗嘱，凡了解这位 1917 年出生在福建闽侯县，就读于山东齐鲁大学和北京燕京大学的知识分子，为革命奋斗 60 多年的老共产党员及其胸怀，还有谁不动容，不敬佩呢？为了歌颂这位中国共产党的优秀党员和领导干部，最后填上《鹧鸪天·祭林爽》一词，以此表示深切的怀念。

晚霞拌艳别俗尘，
“八四”韶光去无痕。
戎马倥偬征战激，
献身航天铸忠魂。
君已走，
慢登程，
立党为公循经纶。
两袖清风乘鹤去，
一身缟素见精神。

执著忘我的航天征途

谭邦治

任新民的执著忘我、一心扑在工作上的事例不胜枚举。1976年唐山大地震后，北京的防震和抗震工作也异常紧张，人们都住进了防震棚，规定不许进办公楼，以防发生余震。可时任七机部副部长的任新民却“违反”规定。晚上十点钟，巡逻人员发现办公楼三层还有亮灯的房间，敲开门一看，原来是任副部长在办公。当巡逻人员劝他离开办公楼时，他抬起头，捏了捏僵硬的脖颈，布满血丝的眼睛露出笑意，连忙答应“好，好，好”，却不动身，还满不在乎地说，“没那么严重。”巡逻人员也对他无可奈何。至于白天，他按时上班，把门反锁，藏在房间里查阅技术资料，处理文件，外边的人谁也不知道。可没有不透风的墙，“天机”也会泄漏。任新民的办公室对面是内勤班办公室，内勤班的班长一次去办公室取东西，听到对面任副部长的办公室里有动静。她想探个究竟，就打了壶开水，用内勤班的钥匙从外面打开了任新民办公室的门，只见任新民正在聚精会神地查阅资料。

门冷不防地开了，把任新民吓了一跳。他见是熟悉的人给他放了一暖瓶开水，下意识地说了声“谢谢！”接着又旁若无人地看起书来。内勤班班长望着这位慈祥的老人，由衷地敬佩。这位班长退休后还经常谈及地震时的往事，她感慨地说：“任副部长是个好老头儿，话语不多，还没架子，是位干工作不要命的主儿。”

1983 年 5 月 25 日，长征三号运载火箭三级进行第一次全系统试车，仪器舱部位着火，实施了紧急关机。随之消防设施自动接通，喷水灭火。当时警报还未解除，消防设施也没有停止喷水。但任新民全然不顾，立刻跑到试车台上查看现场，试图找起火点的确切位置，查明故障原因。现场的保卫人员劝阻他：“任老总，发动机还未完全冷却下来，还有爆炸的危险！”任新民知道发动机已工作 1048 秒，所剩液氢液氧很少了，不可能发生爆炸。他急于找到着火点，所以，全然不顾浓烟和淋水，第一时间爬上了试车台，全身都被淋湿了。经过现场观察和分析讨论，断定是由于氢氧隔离腔积存固态氧而引起爆燃，导致氢排气管三通断裂，引起仪器舱部位着火。采取有针对性的改进措施后，1983 年 8 月 14 日，进行了“长征三号”三级第二次全系统试车，参数稳定，试车取得成功。

几十年来，在多种航天型号飞行试验和发动机试车等大型试验现场，任新民置个人安危于不顾的例子还很多。有一次，为解决“长征三号”纵向耦合振动（POGO）问题，在上海航天局 7013 厂所进行的发动机试车中，他冒着偏二甲肼、四氧化二氮的团团浓烟和令人作呕的鱼腥味，跑到试车台前察看，旨在亲眼看到试验的情况。一位与他非常熟悉又很崇敬他的操作手劝他：“任总，现在不能上去，偏二甲肼对肝的伤害太大，还是等红烟消散了再上去吧！”他却不以为然地笑笑，风趣地说：“试验前不是吃了一片解毒药嘛！不吸点偏二甲肼中和中和，解毒药还有副作用呢！”他仍是“我行我素”地走了上去，看个究竟。

为祖国富强求知创新
——杨嘉墀人生之路的起点

杨照德

我做事情是以国家的利益为重，只要我的想法能够实现，能够使国家得到好处，我就心满意足了。

——杨嘉墀

杨嘉墀院士是“两弹一星”功勋奖章获得者，是我国著名的自动化和空间技术专家，航天技术领域的主要开拓者之一，我国《高技术研究发展计划纲要》（“863”计划）倡导人之一。仰望星空，“杨嘉墀星”闪闪发光。太空铺路石的背后，还有一段起跑线上鲜为人知的经历。

路是人走出来的，而人生之路的起点总是始于故乡。1919 年 9 月 9 日，杨嘉墀出生于江苏省吴江县震泽镇。吴江是鱼米丝绸之乡，也是英彦俊才之地。迎接他的社会环境，处于新文化运动科学启蒙时期。家乡的小桥流水，家乡的动人传说，家乡的风土习俗，给少年时的杨嘉墀插上了梦想的翅膀。

杨嘉墀出生于一个丝业世家。他的爷爷在治学方面，经常以“勤俭、诚朴、尊爱”六字教育子女；在待人接物和经营企业方面，信守一个“诚”字。杨嘉墀 4 岁生日那天，父亲送给他的礼物不是玩具和新衣，而是一个小巧玲珑的望远镜。晚上，他用望远镜寻找天空中的北斗七星、牛郎织女，幼小的心灵也随之飞上了深邃的夜空和美妙而璀璨的群星。在父母亲眼里，杨嘉墀是个“小淘气”，爱动脑，更爱动手。一次他把父亲带回的一只时钟拆开，看看里面构造大致是怎样的。他还把家中门上的铜锁拆开，却再也没能将它复原。有一天，杨嘉墀跟随父母乘火车去上海，快到站时，父亲发现他不在座位上，四处寻找均未找到，这可急坏了母亲。最后在火车头附近看到他站在司机旁边。后来，杨嘉墀乘火车来往家乡与上海之间，他总是习惯地走到火车头旁边，似乎想发现什么奥秘。

丝业小学是教育培养人才的摇篮，也是革命的摇篮。杨嘉墀在丝业小学人生启蒙的第一课，既不是语文，也不是算术，而是参加廖仲恺先生的追悼大会。1925 年 9 月 1 日，丝业小学举行廖仲恺先生追悼大会，会场设在学校的大礼堂，杨嘉墀等新入校的小学生坐在会场的最前面，手持一束束白花。会场后边坐着震泽镇的各界人士。杨澄中、柳亚子等登台讲演，宣传孙中山倡导的“三民主义”，唤醒民众，掀起反帝、反封建斗争。这一切在杨嘉墀的心中播下了反帝、反封建的火种。杨嘉墀在丝业小学的六年中，最大的感触是，每年五月很少上课，经常放假，参加各种集会游行活动。在“五四运动”“五九国耻”“五卅运动”等纪念日，杨嘉墀都积极参加学校组织的报告会，进行反帝爱国演讲比赛。他与不少志趣相投的同学，一同在镇上街头集会游行，散发传单，张贴标语，高呼口号，慷慨激昂地要求抵制日货，反对帝国主义的侵略行径。

1930 年，杨嘉墀以优异成绩被保送到震属（现名震泽中学）中学。他是一个很守规矩、对人彬彬有礼的学生，却不是一个活跃好动、善交朋友的学生。他总是默默地在那里温习功课，或者做作业。他的悟性很高，对事物的分析和理解能力较强，加上读书很用功，因而学习成绩总是班上的前几名。1931年“九一八”事变，日本帝国主义强占我国东北三省的侵略罪行，激起了全中国人民的极大义愤。杨嘉墀加入了这场爱国主义大潮，并从中得到了锻炼。

1932 年 7 月，杨嘉墀转学到上海中学。老师讲课除了课本的内容外，还要补充许多新知识，并要求同学们速记下来，课外作业内容绝大多数是思考题，需要分析研究，查阅参考书才能解答。初期，杨嘉墀由于没有掌握学习方法，学习成绩出现了低谷。但他不气馁，在学习竞争中，不甘示弱，奋起直追，全力以赴，人一己百，终于后来居上，受到了学校的嘉奖。在上海中学的五年里，杨嘉墀学过钳工，做过车、铣、刨、磨的活儿，甩过 12 磅的大榔头。这五年锤炼了他吃苦耐劳、不畏困难的坚强品格。

1937 年 10 月，杨嘉墀在炮声隆隆中进入交通大学。他怀着“国家兴亡，匹夫有责”的宏愿来求学。在交大“起点高、基础厚、要求严、重实践”的教育方针指引下，他在学业上、思想上都获得了长足的进步。四年艰苦的大学生活是在乌云压城、风雨飘摇的孤岛环境中度过的。特别是日本帝国主义占领上海时，日本飞机在城市的上空肆意叫嚣、盘旋；军舰在黄浦江上耀武扬威地游弋。他暗暗立下誓言：中国一定会造出自己的火车、飞机、军舰，要用先进的工业水平来改变中国人被外国人瞧不起，国土被外国人占领、蹂躏的状况。

1945 年 8 月 15 日，日本宣布无条件投降，太阳旗颓然倒地。消息传来，举国欢腾。已经工作的杨嘉墀走出新品试制车间，特意在厂里住宿区安上扬声器，播放无线电传来的喜庆消息。他还参加了工厂组织的庆祝大会，和工人们一起到厂外参加游行，他深感这是中国人民 100 年来反对外国侵略取得完全胜利的伟大民族解放战争，为此感到扬眉吐气。在人生道路上，杨嘉墀看到了丝业家族的兴衰，又目睹了国家衰败，民族遭受的屈辱，深刻认识到只有依赖于科学技术及其切实的应用，才能使中国富强，才能摆脱受辱的地位。他在中央电工器材厂工作，试制单路载波电话过程中，亲身体验了中国工业与发达国家间的巨大差距，他感到其中一个关键技术是滤器的质量问题，而在文献调研中，他了解国外已开始用网络综合原理解决这一问题。他下决心尽早出国留学，掌握先进的理论与技术，赶上时代。他将想法告诉父母，父母非常支持他走出国门。

1947 年 1 月，杨嘉墀横渡太平洋，来到美国哈佛大学。在哈佛大学的两学期，他上了八门课，还在麻省理工学院选了几门课。杨嘉墀听课时，不仅注重理论学习，更注意理论与实际相结合，他总是抓住一切机会向教授请教具体设计方法和手段。学习很紧张，他衣带渐宽，通过考试，成绩被评定为A等，不到一年时间就取得了硕士学位。杨嘉墀眼界宽了，看得远了，摆脱了单一学载波电话的愿望，将寻觅知识的眼光投入到新兴的科学技术前沿，从而继续攻读博士学位。按照学校的要求，先要学习与论文专题不同的三个领域的课程，因此，杨嘉墀在哈佛、麻省两所大学继续学习了应用数学、理论物理、声学、微波电子学等方面的十多门课程，扩大了知识面。还初步学习了当代军事技术，包括雷达技术、声学技术，广泛地扩充了自己的知识领域。他还充分利用哈佛图书馆的优越条件，读了许多书。耐科贝勒教授给杨嘉墀选择的论文题目，是研究一台计算傅里叶变换的模拟计算装置，并明确指出傅里叶变换在理论上和网络综合上都很有用。这一领域刚开始起步，许多技术尚待开发，杨嘉墀利用从麻省理工学院学到的频率域网络综合方法，创造性地扩展到时间域，在给定时间响应特性条件下设计四端网络，仅在半年之内就提前研制成功一台傅里叶变换器。这一科研成果研制费用少、时间短、设计先进可靠，颇有创造性，受到指导教师的高度赞许。在 1949 年 4 月，杨嘉墀以《傅里叶变换器及其应用》的博士论文，通过答辩。鉴于他所学的知识涉及面广，他被授予哈佛大学哲学博士学位。

30 岁的杨嘉墀风华正茂，才华横溢。他先后在美国光开关公司、宾夕法尼亚大学、纽约洛克菲勒医学研究所任职。在美国，他曾经试制成功生物医学用的模拟计算机。他发明的快速自动吸收记录光谱仪，曾经获得过专利，被称为“杨氏仪器”。可靠的职业、稳定的收入、甜美的家庭，又获得了一定的荣誉，很自然，周围的人们都以为他们会长期在这里工作。但是，杨嘉墀的想法很明确：一个人无论走多远，离乡多久，总是要回家的，祖国是归宿。1956 年，他受党中央“向科学进军”号召的鼓舞，和家人一起回到了祖国的怀抱，用自己所学的知识，为新中国国防建设服务，为自己的民族服务。

奋斗，成就梦想；豪情，激越人生。他为中国航天事业开拓奉献了五十年。“神舟”飞天；“嫦娥”登月。中国航天事业取得了举世瞩目的成就，谱写了中华民族自强不息的壮丽诗篇。

与王希季院士共事的日子

潘 坚

早在 2000 年前后，就听说过王希季的大名，知道他是一位成就卓著的航天老专家。坊间传闻，这位老先生既严谨又严厉，在学术上一丝不苟，甚至有些刻板，经常不留情面，即使上级领导在场，也不会放松对课题的审查尺度，达不到要求，绝不让过关。因此，在有王院士担任评委的场合，很多课题报告人往往会忐忑不安，哪怕做了充分准备，也必须提起十二分的精神。

初识王希季院士是在 2003 年。年初，美国发生了人类航天史上的惨剧——哥伦比亚号航天飞机在返回大气层时解体，7 名航天员不幸罹难。事件发生在 2 月 1 日，正是中国的大年初一，接到 707 所所长王一然的指示，我和几位同志放弃了春节休假，投入到紧张的相关情报收集与分析工作中。10 天后，接到集团公司宇航部的通知，我和韩鸿硕老师一起向集团公司科技委汇报“哥伦比亚号航天飞机失事”情报分析结果。这是一次高规格的技术研讨会，会议由科技委主任王礼恒主持，面对任新民、孙家栋、庄逢甘、王希季、闵桂荣等十多位航天老专家做技术报告，对我来说还是第一次，踏进会场时我就有些紧张。王礼恒主任善解人意，安慰我不要紧张，慢慢讲。好在有韩老师以及他珍藏十多年技术资料的帮助，经过十天的奋战，报告的质量我心中还是有数的，紧张的心情慢慢平静下来。我汇报之后，各位专家纷纷发表意见，探讨失事事件可能的原因，随后话题转入讨论当年我国航天界论证中国载人航天发展道路时的技术争议。20 世纪 80 年代，由于美国航天飞机的成功，世界掀起一股航天飞机热，主要航天国家纷纷规划和发展本国的航天飞机技术，国内当时也深受影响，认为飞船是过时的技术方向，主张发展航天飞机的思想一度占上风。王希季院士简要回顾了当年的“路线之争”，从技术上、国情上剖析主张走航天飞机路线的“大跃进”思想的错误，警示国人在航天技术发展战略上不要头脑发热。此时的王院士虽然略显瘦小，但说话逻辑清晰，声音铿锵有力，毫不含糊，令人肃然起敬。

再识王院士是在 2004 年 10 月，国防科工委在湖北大厦召开《国家对地观测系统工程综合论证》评审会，我代表课题组向大会做报告，王院士是 12 位评委之一。面对这 12 位院士，我们最担心的是王院士，怕他临时提出一些难以回答的问题来，令课题组难以招架。王院士第一个发言，对课题的论证思路给予了充分肯定，并提出了进一步研究的建议，我心里的“一块石头”终于落地，并萌生出一丝感激之情。

2005 年 4 月，国防科工委决定正式成立《高分辨率对地观测系统重大专项立项建议书》论证组，进行深化论证。这一次，有关部门延请王希季院士担任综合论证组总顾问，同时设立一个总体组和四个分课题组，其中总体组挂靠在中国航天工程咨询中心（以下简称“中心”）。中心主任王崑声任总负责人，常务副主任王一然任第二负责人，我担任技术负责人兼总报告主笔。这次终于要和王院士共事了，并直接在王院士的指导下开展工作，我心里有点忐忑不安，不知将如何面对这样一位严谨的老前辈。

开题之初，我正忙于一院的发展战略研究工作，在外面封闭写稿，没有及时和王院士探讨课题之事。一周之后刚回到办公室，我就接到王院士打来的责问电话，尽管感到有点委屈，但也意识到问题的严重性，及时向中心领导做了汇报。最后还是请李双庆书记亲自出马向王院士说明情况，才得到他的谅解。从此，每次向王院士汇报工作，我都有点战战兢兢，生怕出什么纰漏而挨一顿“剋”。

之后，在王院士的直接指导下，我带领中心有关人员组成的研究队伍，夜以继日地奋战在查阅资料、技术分析、调查论证、分类研讨、专家咨询等工作中。中心非常重视这个大系统论证项目，几乎调动了所有能调动的资源来支持，时任集团公司副总经理马兴瑞也多次听取课题组的汇报。经过这次锤炼，一批技术骨干成长起来，多位课题组成员日后成为中心的领军人才。

王院士几乎每周都要过问课题的进展情况，同时结合新的信息发表看法并提出修改意见。一天下午，我刚从外面开会回到办公室，就听到一阵急促的电话铃声，我连忙拿起电话，“潘主任……”一个抑扬顿挫的浑厚声音传来。

“王总，您好！请指示！”我不敢怠慢，知道王院士有话要说，因为昨天刚给他送了一份报告初稿。

“不敢指示！”听了王院士谦逊的话语，我只好改回平实的语气，“哈哈，您请讲。”

“论证要体现几个原则。一是我们建设的这个对地观测系统，应该是一个好用的系统；二是在发展中进行整合，将 4 个观测层次统合成国家级的大系统；三是经费预算要切合实际，不能向国家多要钱……”我一只手拿着话筒，另一只手忙不迭地从抽屉里抽出信纸，拿笔赶紧记录下来。

就这样，在王院士的亲自过问和督促下，总体组和各个分课题组紧张而忙碌地工作着。到 2006 年 1 月，所有的论证和报告编写工作终于完成了。这一天，我带着轻松的微笑走进白石桥五院老主楼，王院士的秘书正在门口迎接我们，“王老已在第二会议室等你们了！”我们快步走进会议室，只见一位白发老者迎面走来，深灰色的西装搭配着白衬衫，显得格外矍铄。

“潘主任，辛苦了！”

“王院士辛苦！我们来交稿了！”一边说着，一边把打印好的终稿递过去。王院士没有像往常那样急于翻阅文稿，而是拉着我的手说：“咱们坐下聊一聊。”见到王院士这么高兴，我恳请王院士合影留念，他爽快地答应了。

王希季与潘坚合影

于是，对我而言非常珍贵的一张照片诞生了，这张照片见证了近一年的时间里，与王院士共事的点点滴滴。

能和这样一位令我敬仰的老专家共谋航天大事是我一生的荣幸。能够从老一辈航天人那里得到航天精神的真实传承，也是我人生中一段难忘的经历。

他从神秘王国走来

——解读一个缔造飞天梦想的中国人

伏萍　天福

2013年3月5日，一个噩耗传来：中国火箭事业的开拓者、国际宇航科学院院士、航天固体火箭发动机专家杨南生先生与世长辞了！鲜花与翠柏丛中，他静静地躺着，鲜红的中国共产党党旗覆盖在他的身上。荧屏前，我久久伫立，为杨南生先生默哀，脑海里不禁浮现出那句富有哲理的话语：“有的人活着，他已经死了；有的人死了，他还活着。”杨老就是这样一位拥有不朽灵魂、永远活在人们心中的伟岸之人。

他以毕生的精力和渊博的知识，为祖国和国防事业做出了巨大的贡献；他品格高尚，治学严谨，修养和情趣中散发着人性的光环。但是，由于他所从事的是一项极其保密的工作，他名字背后的故事很少为世人所了解。今天，当我国航天事业神秘面纱终于向国人揭开一角的时候，我们才真正走进了杨南生的世界，让我们追随他的脚步，聆听他那平凡而伟大的“第一”。

一、第一次回故里

1921年12月29日，杨南生生于缅甸仰光。1923年，父母怀抱不满两岁的杨南生返回祖籍——福建省南部的龙海县，之后定居北平。在这里，杨南生以优异的成绩完成了从小学到初中的学业。

1937年，北平被日寇占领，南京沦陷！正在读高中的杨南生与全班同学哭作一团。在舅舅科学报国思想的浸染下，他自学了《普通物理学》，还动手做出飞机和轮船的模型，其精致逼真程度，就连身为物理学家的舅舅都大为赞叹。高中毕业后，他考取了西南联大航空系。本以为学好这个专业，报国有门。可是，在祖国的大后方，他透过歌舞升平，看到的是国民党的腐败与无能，看到的是国民政府航空委员会“只修不造”、腐败与昏庸。于是，他终结了航空系的学习，转入机械系——这是一次“痛苦”的抉择。

二、第一批新中国海外回国专家

抗战胜利了，他满以为赶走了日本强盗，从此可以成就一番事业，却未曾料到，闻一多教授被害、“一二·一昆明惨案”等血的事实，让他看到了国民政府的黑暗，他再次陷入报国无门的困境。于是，在钱伟长教授的建议下，他报考了英国留学生，期盼通过学习为中国的未来寻找和积聚强大的力量，在他的心中，总有一种酸楚和凄苦——中国何时才能够强盛起来啊！这一时期，他接触了马克思主义。1949年10月1日，当中华人民共和国成立、五星红旗在天安门广场上升起的消息传到英国时，杨南生和几位同学迅速组织起“中国科学协会留英分会”，积极开展活动，将新中国的图片、资料介绍到英国。1950年6月，他毕业于英国曼彻斯特大学机械系，获博士学位。他谢绝了英方挽留他的邀请，毅然决然地踏上了回归祖国的征途，成为从海外回到新中国的第一批专家。

三、第一辆“解放”牌汽车

踏上新中国的大地，杨南生百感交集。积贫积弱的中华民族，经过百年抗争,终于洗清了耻辱,赢得了独立和自由。但是,刚刚医治了战争创伤的中国,又投入了抗美援朝战争。杨南生考虑，新中国内忧外患，百废待兴，工业基础更是薄弱，自己一介书生，应该像战士一样投身到实实在在的建设中去，才能将所学的专长变成实实在在的力量！就这样，他选择了重工业部汽车工作实验室。

1953 年，新中国第一家汽车厂——长春第一汽车制造厂破土动工。10 月，杨南生以及由他领导的汽车实验室材料试验科整建制从北京调入长春，组建“一汽”中央实验室，杨南生任主任、工程师。为了尽早生产出中国第一辆“解放”牌汽车，他自编了 10 万余字的讲义，给实验室和设计处的工程技术人员讲授金属材料机械性能、数理统计等课程，并带领技术人员对千余种材料进行试验分析，或取或舍，或确定代用材料，或提出性能指标去试制。他们从材料方面保证了第一台汽车的顺利诞生。当我国自行研制生产的第一辆“解放”牌汽车研制成功时，留在杨南生心中的，是一份光荣，一份骄傲，更是一份对未来的求索。

四、第一枚中国探空火箭

1960 年 2 月 19 日，这是一个特殊的日子。这一天，距离毛泽东主席在八大二次会议上发出“我们也要搞人造卫星”的号召，只有短短的 21 个月零 2 天！而这一天，新中国第一枚试验型液体燃料探空火箭发射成功了！这一刻，杨南生想起幽静的淮海中路，想起江湾“碉堡”里的试车，更想起了为祖国第一枚探空火箭而共同奋战的同志们……

那时，他是第一设计院副院长，院址就在上海南汇老港的东进村。那时，三年自然灾害给年轻的共和国造成了严重的困难，但党和国家还是不惜拨出巨款，有力地支持着他们所从事的尖端技术。杨南生和他年轻的同事们不负众望，在最短的时间内，实现了从无到有的突破。

除此之外，他还亲自组织指挥了我国第一枚生物火箭的发射，揭开了中国火箭生物试验的序幕。

五、第一颗人造地球卫星

他的生命仿佛是为开创性的事业而存在的。1964 年 6 月 5 日，周恩来总理亲自签署任命书，任命杨南生为国防部第五研究院四分院副院长。从此，他带领四院人开始了新的征程。

挥别繁华的大都市，他匆匆来到当时尚属高度机密的固体火箭发动机研制基地——四川泸州高坝，接受的重要任务是：固体火箭发动机这一世界最先进的推进技术，要尽快完成试验向实用的过渡，并以最快的速度予以发展壮大，这是强国、强军、强我中华的政治需要。

在无任何基础的情况下，他们摸着石头过河，提出“先求用，后提高”的发展思路，在山谷里，头顶崖壁，他们开始了试车。1965 年 7 月至 8 月，六次试车，全部成功，标志着中国已经有能力自行研制以固体复合推进剂为能源的火箭发动机了，这是固体火箭发展史上的第一座里程碑！

1965 年冬，根据时局需要，航天四院开始向新的基地集结。杨南生和大伙儿一道，唱着“毛主席的战士最听党的话，哪里需要哪安家”，从长江之滨的泸州，扑进了黄沙遍野的内蒙古荒漠。在千里冰封、万里雪飘的北国边陲，四院人顽强拼搏和无私奉献着。

恶劣的天气并不是最可怕的。1966 年，一场史无前例的政治风暴猛然袭来。刚刚拉开研制序幕的内蒙古基地，遭遇了从未有过的干扰和破坏，基地近乎瘫痪，就连工作、生活中不可或缺的运输卡车，也不再运转。杨南生副院长只得跨着自行车，奔波在方圆几十公里的厂区、家属区，敲开一户户紧闭的房门，凭着满腔热血，把方方面面的人员动员起来。因为有一条军令时刻提醒着他——一定要按时研制出长征一号火箭第三级固体发动机。至此，一个个有志之士，追随着他，共同担负起历史的重任。

1970 年 4 月 24 日，中华人民共和国第一颗人造地球卫星——“东方红一号”升入太空，四院的末级发动机使卫星成功入轨，《东方红》乐曲传遍全球！正在基地率队参加卫星发射的杨南生副院长翘首仰望长空，激动的泪水模糊了双眼。从研制启动到发射成功，只用了 3 年时间，这样快的研制速度，在世界航天史上，都不能不说是一个伟大的奇迹！之后，国防科委和七机部的领导亲切接见了试验队成员，称赞他们完成了光荣而艰巨的任务。

六、第一颗通信卫星发射成功

人造卫星上天，大大鼓舞了四院人。从 1971 年起，他们又投入到返回式卫星回收制动发动机的研制，直到 1980 年末，向总体部门交付了产品，杨南生副院长才真正松了一口气。可岁月催人，长江后浪推前浪，杨南生在步履匆匆中，已成了一位花甲老人。而他却老骥伏枥，夙夜不懈地投入到了一个全新的领域……

1975 年，杨南生走出内蒙古荒漠，又一头钻进了地处陕西腹地的秦岭山麓，开始了新的征程。

在蓝田基地，杨南生继续主持开展了一批预先研究，其中有复合材料壳体、柔性全轴摆动喷管、新型材料喉衬、新药型设计等，并开始对远地点发动机研制进行方案论证。1984 年 4 月 8 日，我国第一颗试验通信卫星东方红二号发射成功。1986 年 2 月 1 日，我国第二颗东方红二号通信卫星发射成功。1988 年 3 月 7 日，我国第三颗东方红二号通信卫星发射成功……在这诸多成功的背后，杨南生和他的同事们为此付出了无尽的心力与智慧！在杨南生等老一辈航天人打下的基础上，四院科技人员自我加压，锐意进取，研制出改进型的发动机，一次次将卫星准确无误地送入地球同步轨道，并为神舟号宇宙飞船成功发射做出了巨大的贡献。

七、第一任研究生导师

1983 年 1 月 14 日，62 岁的杨南生从四院领导岗位上退下来，先后担任四院科技委主任、四院和航空航天部科技委顾问。尽管这时的杨南生已年过花甲，但他却精神焕发，在继续领导技术工作的同时，愉快地接受了西北工业大学的聘请，要为开始复苏的高等教育事业送去光和热。他说，年龄大了，应该考虑为培养年轻人做点事情，也算是对自己的过去做个总结。1979年，国家恢复研究生培养制度后，杨南生被西工大遴选为首批硕士研究生导师。1982年，他成为博士生导师；1986年，他当选为国际宇航科学院院士；1987年，他担任西工大博士后工作站导师；1989年，他接受了西工大授予的名誉教授荣誉。因为他的突出贡献，1991年被授予政府特殊津贴；1999年，出席中共中央、国务院、中央军委表彰为研制“两弹一星”做出突出贡献的科技专家大会……荣誉只属于过去，退休后的他依然选择了跋涉。就是这样一个小小的选择，将他后半程的人生坐标又重新注入了生命价值，也让年轻一代航天人看到了一种民族精神的选择，责任的选择。他在年年岁岁、一点一滴的坚守中，为共和国的神圣创造着飞天的奇迹。

“一生能为国家发达做一点实实在在的事，对我来说，完全足够了！”这是九旬老人朴实无华的语言，它给我们带来的是怎样一种强烈的冲击力和震撼力啊！在杨先生的话语中，永远只是完成了自己分内的工作，和千千万万个航天员工一样，只是多了一点坚守，多了一份执着。而这多了的一点一滴，却为我国航天事业的腾飞与崛起奠定了坚实的基础。

疾病困扰，难阻壮士鸿志

钟　韧　童晶静

张履谦无私奉献，发愤图强，刻苦学习，待人可亲，给所里同志留下了深刻的印象。“文革”期间，张履谦在23所军管会的领导下，负责科研生产工作。在那个生产瘫痪的年代，由他负责抓科研工作，有一定的影响力和号召力。军管会对他的学识和为人很信任，放手让他负责某型号的预研攻关。怀着强烈的责任感和富国强兵的宏伟心愿，张履谦忘我地投入到工作中。

由于被划入走“白专道路”之列，张履谦科研工作之余，要到食堂、车间参加劳动改造，每天都精疲力竭。

1975年，张履谦到湖南隆回、邵阳为三线基地选点，为了找到“靠山、分散、隐蔽”的地址，一个月下来，他的身体严重透支。长期的辛苦工作，加之三线选点的艰苦任务，终于把他的身体压垮了。一天清晨，张履谦像往常一样，准备外出选点，突然感到心脏刺痛，心慌呕吐，晕头转向。他没有将病情告诉同事，稍稍休息后，硬是以坚强的毅力，咬牙坚持与同事们一同外出。领导赵琪发现张履谦的脸色不太好，精神状态也有些疲劳，问他是不是不舒服，是否需要休息。为了不影响大家的情绪，更为了不影响基地选点工作，张履谦咬牙说“没事”，直到完成三线选点任务。

回到北京后，张履谦才向单位和家人诉说了在湖南选点途中发生的病情。在单位和家人的安排下，他被送到北京医院进行检查。几天后，检查结果出来了，医生告知他心电图有异常，当时是冠心病急性发作。医生要求张履谦暂停手中的所有工作，进行治疗和休息，如果还带病坚持工作，他的身体情况会很危险。

过惯了战斗式的紧张生活，突然间被要求不许触碰工作，被安排在家休息，张履谦心里憋得发慌，脑袋也乱糟糟的。他的病情几个月未见好转，反而愈加恶化，爬一层楼梯都喘得很厉害，双腿无力，身体更加虚弱。

时间流逝不知情。一晃过了一年，“不能再这样光躺着了”，张履谦对自己说。他请所里的同事到图书馆和办公室，找来很多书籍，边养病边学习。在这段难熬的日子里，书籍成了张履谦抵抗病魔的良方，读书成了他对付病痛的有效手段。

张履谦觉得一篇外文文献《雷达的波形设计》很有价值。这是一篇有关雷达理论与实践意义的经典文献，作者从理论上阐述了微弱雷达信号的提取，论述了雷达分辨力、模糊度的约束条件以及雷达信号设计的理论与方法。长期从事雷达研制工作的张履谦敏锐地意识到，这篇文献对提高我国雷达技术人员的理论水平很有好处，而当时国内正缺乏这些基础理论知识。于是，张履谦伏首案头，日夜工作，开始了文献的翻译工作。为了使译文尽可能忠实于原文，通顺完整地阐述作者的理论体系，张履谦查字典，翻阅大量资料，没少下功夫。数天后，张履谦将这篇文献完整地翻译出来，并发表在七机部的内部刊物《电子技术文选》上。

张履谦从国外光电子杂志得知美国贝尔实验室已研制出电荷耦合器件（CCD）。这是一种光学数字成像器件，材料使用探测光的硅片，比传统底片更能敏锐地探测到光的变化。张履谦洞察到这种新器件比传统胶片成像灵敏度高，成像质量好，是一种新的革命性的成像器件。他立刻写了《电荷耦合器件及其应用》的评述文章，介绍其工作原理与应用，并发表在七机部主办的《技术工作通迅》等杂志上。张履谦在文中指出，作为一种用电荷量来转换不同强度照射的高动态敏感器件，CCD 技术将来必定会在卫星对地观测成像和日常生活摄影中，具有深远的意义和广阔的应用前景。近 30 年来的技术发展，再次证明了张履谦的敏锐眼光。如今，CCD 技术已在数码相机等电子产品，卫星对地观测成像、姿态测量中得到了广泛应用，成为卫星测姿和卫星遥感的主要器件。

治病期间，他还积极搜集“文革”以来有关雷达方面的外文刊物，仔细进行研读分析，同时结合从事雷达研制工作20多年的经验，在病床上撰写了《雷达技术走向新的发展阶段》论文。这是一篇关于现代雷达技术发展总述和展望的文章，张履谦通过严谨的论证分析指出，随着当代数字技术和计算技术的发展，出现了相控阵雷达，使雷达技术走向了新的发展阶段；我国必须在有关关键技术上进行攻关，力求有所突破，使我国能在未来新体制雷达的研制方面跟上国外的先进水平；相控阵雷达作为一种新式雷达，具有许多优势，我国应把握时机，加快相控阵雷达的研究，不能错失发展机遇；相控阵雷达的优势在于其能量在空间相加，具有强大无比的功率，能满足功率大、作用距离远的需求；波束扫描以相位控制方式形成，无须大型天线转动，无惯量、精度高；天线可形成多波束，可发现和跟踪多目标，抗干扰性能强；预言相控阵雷达的应用必将使武器装备发展达到新水平，迈上新台阶；建议不能错失机遇，必须快速突破相控阵雷达的相关核心关键技术，使我国能在不远的时间内赶上国外先进水平。这篇论文在《技术工作通信》杂志发表后，立即引起部、局领导和科技人员的重视。正在进行某型号技术攻关的同志看到这篇文章，更加坚定了信心和决心。

在加强雷达技术理论研究和探索雷达技术发展的同时，张履谦还不忘推广普及雷达科学知识，他认为科学技术工作人员，不但应提高技术水平，还应积极做科普宣传工作，使先进的科学技术为广大群众所了解，提高广大群众的科学素养。为此，他撰写了《雷达技术的发展概况》和《种种雷达》等科普文章，以近半版的篇幅，刊登在《光明日报》和《解放军报》上。在这些文章中，张履谦阐述了雷达的科学原理，提出相控阵雷达、单脉冲雷达、线性调频雷达、合成孔径雷达、分布式雷达等，是未来雷达的发展方向。他的许多见解和观点，虽是在 20 世纪 70 年代提出的，但直到今天，我国雷达技术的发展路径仍是沿着他提出的这样一条思路走的。张履谦的许多建议和观点，有的已成为雷达研制的技术方案，有的已研制出实际型号，足见其远见卓识以及在雷达领域丰富的经验和深厚的造诣。

历史车轮上一抹炫目的民族色彩

胡亚召

在历史车轮碾压过的黑白岁月，是谁将那抹眩目色彩镌刻？是谁将中华民族的勤劳与创造飘红？因为有你——乐凯彩卷，那段岁月填充了丰富的彩色。

1958 年 7 月 1 日，全国人大常委会副委员长、中国科学院院长郭沫若为电影胶片厂奠基题词：“电影是艺术的机械化，它的教育功能很大，能自行制造胶片，犹如能制造火箭。”自此拉开了乐凯半个多世纪演绎的序幕。

一、披荆斩棘，一路沧桑风雨

建厂初，乐凯迎来了一位留苏回国的小姑娘，有谁知，她会在如花的年龄里，将根一辈子扎在了这片土地上；有谁知，她会奉献自己的美丽，挽留了万千少女的风采。

在苏联的帮助下，乐凯建成了第一个实验楼——有机楼。然而不久，苏联兄弟背弃了我们，带走了一切技术支持，徒留下一座空城。

失去了太阳的方向，我们背着月光，脚步执着而充满力量。在迷途的荆棘中，我们没有迷茫，不曾彷徨，相信，梦想的天堂就在心驶往的前方。

抛掉了依赖，突然间，仿佛摆脱了一层灵魂的桎梏，我们扬帆起航，踏上了自力更生的道路。翘皮的墙面，墨绿色厚重的桌板，豆青色自制的通风橱……这样的背景下，她带着一支伟大的团队上演了一段不朽的传奇。

接下了第一项军工任务，航天配套胶片，她和同伴们的耳边回响着周总理的叮嘱："稳妥可靠、万无一失。"不知道有多少个无眠的夜，不知道有多少次寄望与失望，劈开密布的荆棘，用血与汗筑一条夯实的路。

第一代照相软片、黑白电影正片、135民用胶卷、相伴人造卫星升空的军工胶片，这一切的一切，见证了她/他们的风雨沧桑。

二、挑战，机遇，创新中崛起

匆匆过了十载，改革开放似一场神奇的魔术，急转着人们眼前的一切。走进百姓生活的电视，迫不及待地谋求电影的地位，战云迅速笼罩了这个团队。

恰彩色照如离家出走的小姑娘，谁都不曾告诉，悄然兴起。机遇，机遇，机遇！这是送给她/他们的七色虹。

1984年快速研制出第一代乐凯彩卷，并推向市场，打破了洋货一统国内市场的境况，乐凯也实现了产品结构从电影胶片向民用照相材料的快速调整。紧接着，1990年研制成功第二代乐凯彩卷，1992年再次更新一代。8年3次更新换代，乐凯彩卷树立了自己的品牌形象，崛起势不可挡。

可谁知道，为了这个品牌，这个团队要怎样地呕心沥血！为了这个品牌，这个团队又要舍弃多少，多少！

三、鲜红，民族的，才是世界的

当红色的胶卷化成一个符号，被整个民族接受；当红色的胶卷成为一个民族的象征，撞开世界的大门，被世界欢迎，她/他们流泪了。额头、鬓角上如刀割的皱纹诉说着她/他们不再年轻，可这一刻什么都值了。

为国民利益而战，无惧胶卷市场群雄，终成三足鼎立之势；为国民心之所系，终成一代民族品牌，走向世界。

在那抹迷人的鲜红下，这个团队用心留影了整个民族、整个世界的笑脸。

四、无憾无悔

风风雨雨 50 年，曾经靓丽的小姑娘早已苍苍白发。

她——邹竞院士，为乐凯一家人奉献一辈子的先行者。

大起大落 30 年，彩卷迎来了历史的时刻。

她说它已经完成了历史使命，她为自己曾经为航天事业贡献青春和力量感到自豪。

她和它，无憾无悔。

凝望着抽屉里珍藏的彩卷，仿佛画面中有你，有我，有了整个民族的颜色。

任历史的车轮碾过，自力更生、无私奉献的精神代代相传，镌刻在那彩卷上永不褪色！而那个团队也始终赶在历史的前沿，奔向下一个传奇，下一段不朽。

大山魂

王晓彦　张美书　胡培德

这是一片贫瘠而荒凉的土地，环境恶劣、物资匮乏、交通不便、信息闭塞；但这又是一片神奇的土地，无数三线儿女在深山老岭，用智慧和心血，甚至宝贵的生命，亲手哺育出一窝窝的“金凤凰”，为航天事业做出了不朽的贡献。他们如同眼前那连绵起伏的山峰，永远耸立在人们精神的高地，令人追思，令人仰望！

生前，他没有显赫的身份和地位，只是九院771所的一名工程师。由于军工单位的特殊性，当地许多人甚至不知道他到底是干什么的。死后，他的事迹感动了三秦大地，迅速传遍全国，成为一代知识分子的楷模。他，就是航天人永远的骄傲——罗健夫。

张爱萍将军曾填写《长相思》一词，赞扬罗健夫的献身精神：

黄水流，渭水流，流到潼关怒涛道。
奔腾势不收。
往事稠，国事稠，尖端破险忘春秋。

为民肝胆酬。

1969 年，一个正值动乱的年代。罗健夫接受了研制图形发生器的任务，并任这个课题组的组长。那些天，他思忖着：这是个填补国家空白，赶超世界先进水平的项目，可自己是学核物理的，搞电子设备不在行，国外又禁运这个产品，国内无图纸、无资料、无样机可参考，况且到处在停产“闹革命”，搞科研常受干扰，方方面面的困难可不少啊！

研制组刚开始工作，一名搞计算机的同事就被抽走，眼看项目受阻，他一面承担着图形发生器电路设计任务，一面又顶替别人搞计算机。为此，他一连多年，每天只睡四五个小时，将全部时间都用在刻苦钻研、翻阅资料、攻读第二外语上，以尽快提升自己的业务能力。一旦扎进工作室，他就忘了时间，常常三天、五天、七天连轴转，饿了啃块馍，渴了喝口水，困了在地板上躺一会儿。那年，当地闹地震，人心惶惶，人们纷纷跑到室外避震，可同事们怎么拉他、劝他，他硬是不离开工作室。打倒“四人帮”后的头一个春节，家家欢聚，他却以独自在工作室攻关的方式，庆祝这一历史性胜利。那段时间，他把个人生活简化到不能再简化。两个馒头夹一块臭豆腐、一碗面条拌一点酱油就算一餐。他身上穿戴的仍是当年部队发的军衣、军帽。一家人准备添置衣物的钱，常常被他用来买了研制图形发生器所需要的书籍。

工夫不负有心人。1972 年，我国第一台图形发生器诞生，填补了电子工业的一项空白，随后Ⅱ图形发生器又研制成功。1978 年，罗健夫获得了全国科学大会的奖励。“哈，老罗，这下你可立了大功啦！”面对赞誉，罗健夫总是告诉人们，这一部分是某同志设计的，那一部分是某同志搞成的，从不提自己。在呈报科研成果的表格上，他要求不写自己的名字。3000 元奖金，他自己应得的那份一分不要，全部上缴组织。中国电子学会设备组邀请所里出一位有学识的专家参加学术指导活动，领导决定让他参加，他婉言谢绝，把这份荣誉让给了别人。厂里调工资，老罗属于应调对象，但他主动让出调资指标，说：“我家生活不困难，我不调！”其实他和妻子每月工资加起来才 130 元，要抚养两个孩子，要负担插队妻妹的生活费，要给两家老人寄生活费。所里两次准备提拔他当中层干部，都被他婉言谢绝，他诚恳地说：“现在这里的‘官’够多了，从党的科研事业考虑，我不当‘官’比当‘官’有利。”

1981 年 10 月，正当研制Ⅲ图形发生器进入紧张阶段，罗健夫感到胸部隐隐作痛，这时，有工作需要他去北京搞协作，他没顾上去看病。到北京后，他的病情加重了，于是他抓了几副中药，晚上一边熬药，一边查阅资料。白天在工作室里，他一只手顶着胸部，另一只手操作机械。大家看他疼得厉害，劝他休息休息，他却笑笑说：“没关系，贴块伤湿止痛膏就好了。”所领导得知他患病，多次写信催他回去检查治疗，他却说：“这里需要我，我不能走。”就这样，他忍着病痛，坚持工作了 3 个月，直到春节前夕才回到家里。很快，他的病情在医院确诊：癌症晚期。面对这沉重的打击，罗健夫异常镇定。他问医生：“我相信唯物主义，对癌症并不畏惧，请说吧，我还有多少时间？现在，每分每秒对我都很宝贵！我还有许多工作没做完。”组织上“命令”他在家休养，并叫他妻子专职照顾他。他终于同意养病，但不同意妻子脱产。他对妻子说：“我不能工作了，你不工作怎么行？”硬是把妻子推去上班。而他自己为修改图形发生器的图纸，又一头扎进了资料堆。

1982 年 6 月 16 日，与病魔抢夺时间的罗健夫走到了生命的尽头，这一年他才 47 岁。按照他的生前遗愿，医生对他的遗体做了病理解剖。解剖结果让医生大为惊异：他周身布满癌瘤，胸腔里的肿瘤比心脏还大，胸骨已酥脆，一碰就碎。经化验，他身上的癌瘤是低分化恶性淋巴瘤，是癌症中最严重的一种，潜伏期已在两年以上。结果让人震惊，现场医护人员一下子哭出了声。

总指挥的三次眼泪

田　宁

负责长征二号F运载火箭研制和发射试验的总指挥黄春平，在神舟一号飞船发射前后曾三次落泪，这是在运载火箭系统广为流传的一件事。

黄春平大学毕业后，被分配到航天系统，和哈尔滨工业大学毕业的刘竹生一样，整天奔波在火箭研制的各分系统之间，一干就是40多年。

载人飞行，由于要将航天员送入太空，人命关天，不能存有一丝一毫的侥幸心理。为了从设计上完善长征二号F火箭的性能，稍有不合理、不顺眼的地方，黄春平和刘竹生就从图纸上改，一遍一遍，不厌其烦地改。在那段日子里，黄春平是灯光连着曙光，曙光接着灯光，好长一段时间，都忘了休息是什么滋味。

设计关把住了，生产关也不能放松。为了将生产环节的质量隐患消灭掉，他制定了“责任到人，检查可逆”的质量控制办法，每一个环节都要有人负责，都要有人签字。一旦出问题，马上就能查出根源。

有一天，靶场试射，开始时各项检测都非常正常，但是在发射倒计时已经进入以小时计的关键时刻，突然报警器响声大作：遥测信号异常！

所有在场的人立即进入紧急状态，产品现场分解，打开一看，原来是一个电缆的插头没有插到位。如果发射，会导致相关信号失常，火箭状态丢失，遥测跟踪就会中断。

黄春平大为恼火。查！追查到底，严惩不贷！责任事故一路查下去，因为一切均有记录在案，很快便查到了责任人。这给大家敲响了警钟，从此把自己的工作力求做到完美。

神舟飞船的第一次试飞定在了1999年11月。“我们生产的长征二号F火箭能够经得起试验吗？”这是黄春平一直放不下的问题。

出厂参试前的“双想”（回想、预想）动员会上，黄春平激动地说：“1000多年了，多少代人生生死死，偏偏我们赶上了梦想实现的一天。再过100年、1000年，可能什么总师、什么航天员都会被人忘掉，但载人飞船上天这一刻，是永远不会被人们忘记的，这份光荣和自豪不用我们自己来说。我们千千万万人从事这项工作，无数意想不到的具体问题，靠你们去寻找。认真回忆，有怀疑的，有问题的，提出来，不但不惩罚，还要重奖。各位有什么高招、能耐，都使出来，显示一下你们的技术实力和新世纪工人的风采。此时不显，更待何时！”

在这次会议上，黄春平总指挥讲到载人航天的意义，讲到百年近代中华民族屈辱的历史，讲到科索沃战争，讲到我国驻南联盟大使馆被炸，讲到日本首相参拜靖国神社，讲着讲着，他的眼泪不知何时打湿了面颊。会场鸦雀无声……

这是黄春平的第一次眼泪，这次，他流的是激动的泪。

火箭终于要进场了。来酒泉卫星发射中心之前的学习会上，黄春平和同事们回顾这些年的坎坷。说到拼老命工作的时候，他连说带笑加手势，眉飞色舞，一派万水千山只等闲的气魄。可是，当说到在工作中有时不被理解和误会时，他说不下去了，泪水也禁不住掉了下来。

这算是黄春平的第二次眼泪，这次，他流的是委屈的泪。

1999 年 11 月 20 日凌晨 6 时 30 分，凝聚了黄春平无数心血、寄托着黄春平无限希望的长征二号 F 运载火箭终于点火起飞了。当指挥大厅里传来“程序转弯！——火箭起飞 12 秒，一切正常！——逃逸塔分离！——助推器分离！——一级火箭分离！——船箭正常分离，火箭反推点火！——青岛站完成双向捕获，飞船准确入轨！”等一声声报告时，指挥大厅里沸腾了。

将神舟一号飞船送入太空的长征二号 F 运载火箭首飞试验成功了！

在周围一片沸腾和欢呼声中，黄春平放声大哭，高兴、激动，说不清来由的泪水一涌而出，从指挥控制中心一直哭着回到宿舍。背负了 7 年的压力，积聚了 7 年的苦辣酸甜，一旦释放，他再也控制不住自己了。

“火箭是玩‘火’的，是不能失败的事业。”如今，长征二号 F 火箭首次试飞成功，背负了巨大压力的他，是该好好发泄一下了。

这一次，黄春平流的是幸福的眼泪。

天成本色远浮华
——记六院11所科技委主任张恩昭

杨 军

人物名片：

张恩昭，1936年10月生于江苏省扬州市，1955年考入上海交通大学，1960年毕业后投身祖国的国防现代化建设。曾担任长征四号乙运载火箭副总设计师，中国航天科技集团公司六院11所上面级发动机研究室主任、主任设计师，11所副所长，现任六院11所科技委主任、研究员、博士生导师。

他曾荣获“航天奖”“部级有突出贡献的专家”“国家高技术航天领域‘863’计划先进个人”“全国优秀科技工作者”等多项荣誉称号，并享受政府特殊津贴。他的研究成果先后获得全国科学大会奖1项、部级科技进步一等奖5项、二等奖3项、三等奖3项。

采访印象：

能请张恩昭专门抽出时间接受采访，还真不是一件容易的事。一是他很忙，年过七旬仍然活跃在科研的第一线，主管着国家高技术航天领域“863”两项预研课题，并且担负着多种型号发动机技术方案把关的重任；二是他为人很低调，婉拒多次约访。以至于他终于被“逼”出时间和机会接受采访时，笔者的心中又有些忐忑不安。

然而，坐在笔者面前的张恩昭，温文尔雅，思维缜密，坚毅的眼神里，一种自然和真诚扑面而来，言语间不时流露出的和蔼与温善让人备感亲切，彼此间的距离也越来越近。望着鬓角斑白，但目光炯炯有神的张恩昭，笔者不禁感慨，不论是张恩昭选择了液体火箭发动机，还是液体火箭发动机选择了张恩昭，对于液体火箭发动机事业来说，都是一大幸事。

一、结缘航天，喜忧参半

1936 年 10 月，张恩昭出生在曾被誉为“富甲天下”的历史名城扬州的一个小商人家庭。

作为长子，父母对他寄予了很高的期望。少年时，他虽然爱玩儿，但是学习成绩却始终名列前茅，一直都是老师欣赏的好学生。19 岁时，他以优异的成绩考入上海交通大学船舶动力系。

1960 年 4 月，根据国家建设的需要，上海交通大学多个院系的在读大学生提前毕业，投身祖国国防现代化建设，当时的张恩昭毫不犹豫地表示：“国家的需要就是我的志愿。”

可静下心来，细细思考这人生的重大抉择时，他喜忧参半。喜的是，能直接参与国防尖端事业的研究工作，从事向往的工程设计工作；忧的是，自己从来没有见过火箭，甚至连火箭基本知识都知之甚少，学船舶动力装置的他如何才能在火箭研究中发挥作用?

然而，江南的灵秀在不经意中陶冶出的性情，给这位从大运河畔走出来的青年才俊的血液中注入了可贵的成分：勇于挑战，坚韧不拔，不达目的誓不罢休。

二、孜孜以求，崭露头角

1960 年，风华正茂的张恩昭来到了国防部第五研究院一分院第三设计部，开始了他在航天高科技领域的耕耘。

随着仿制导弹“1059”飞行试验的圆满成功，张恩昭的专业技能也日臻成熟，并在以后的多种型号研制任务中，突破了多项重大技术关键，屡建功勋。

20 世纪 60 年代中期，我国开始研制远程导弹，一系列重点型号发动机相继开始进入艰难的研制攻关中。凭着几年的刻苦学习和钻研，张恩昭独立承担了研制工作中的几项技术攻关任务。他经过大量的研究试验，成功地解决了推进剂输送系统故障等难题，他还摆脱传统设计方法，大胆制定了多项总体方案，取得了新的突破。

随后，他又投入到重点型号姿控发动机的研制中，并独立完成了我国第一台双组元姿控发动机的总体设计任务。

所有这些，不仅为型号研制任务的顺利进行赢得了时间，也为发动机的最终研制成功打下了坚实的基础，而他的发动机总体设计项目获得了部级科技进步三等奖。

初战告捷，张恩昭的心中充满了欣喜。同时，这个平时言语不多、性格内敛、好学上进的年轻人也得到了领导、师长和同事们的肯定和赞许。

三、淡泊名利，耕耘为乐

1969 年 7 月 20 日，美国阿波罗 11 号宇宙飞船成功登月。该飞船采用的变推力液体火箭发动机技术，在我国还是空白。对这项高新技术，发达国家严加控制。没有人会告诉我们成功的路，只有靠我们自己走。

作为一项预先研究课题，变推力发动机的研究被提上日程。而研制技术总负责人的担子，就交给了时任长征系列运载火箭上面级发动机研究室主任、主任设计师的张恩昭。

在经过日复一日的计算分析，年复一年的技术攻关，历经设计、生产、试验，再改进、再生产、再试验的反复过程后，变推力发动机的关键技术已被突破，先后成功地进行了 70 多次点火试验。

在此期间，走上了所级领导岗位的张恩昭仍然保持着平和低调，但对于试验中的技术问题，张恩昭的意见从不含糊。

一位与他共事多年的老科技人员这样评价他："张恩昭作为主任设计师和技术负责人，在需要决策和判断的时候果断而坚决。而他又是一个很善于沟通的人，懂得尊重别人，懂得在适当的时机表达自己的想法。"比如，在技术协调会上，他会设身处地考虑对方的感受，并用探讨却坚定的语气来表述自己的观点。

20世纪70年代末到80年代初，共和国再一次迎来了科学的春天。

我国长征四号乙运载火箭的研制工作正式启动，而研制发动机技术总牵头的历史重任又一次落在了张恩昭的肩上。由于该型号发动机是我国首次研制的上面级通用发动机，设计中需采用大量的先进技术，研制难度相当大。这又是一次严峻的考验！

无数个朝阳落日，无数个银月残钩，他带领大家奋战在研制工作的第一线，徜徉在钟情的事业中。经过大量的计算、分析、试验，他成功地解决了我国第一台整机双向摇摆发动机在双向摆动过程中存在的高空两次起动等一系列技术难题，为发动机的最终研制成功打下了坚实的基础。

经过几年的艰苦攻关，该型号发动机的性能和工作可靠性达到了国际先进水平，为长征四号乙运载火箭两次成功地将风云气象卫星送入太阳同步轨道做出了突出贡献。

作为发动机研制的主要贡献者，张恩昭的心中充满着自豪和欣慰。但面对该运载火箭获得国家科技进步特等奖，该型号发动机获全国科学大会奖、部级科技进步一等奖的荣誉时，他却只是淡淡地说："得不得奖无所谓，关键是要研究出点真东西，出些实实在在的成果。"

也许是家乡扬州"江作青罗带，山如碧玉簪"的美景使张恩昭骨子里融入了谦谦的学者之风，造就了他淡泊名利的性格，张恩昭在六院始终赢得大家的敬佩。

四、天降大任，阔步前行

研制无毒、无污染、高性能的液体火箭发动机，并在重大航天工程中应用，是世界各航天大国梦寐以求的目标。要保持我国在航天动力这一高科技领域的发展势头，提高我国运载火箭的国际竞争力，就必须紧跟这一趋势，研制新型液体火箭发动机。

1994 年春日的一天，时任 067 基地主任的胡鸿福和科技委主任张贵田找到年近六旬的张恩昭。谈话单刀直入，语气坚决："给你找点儿事做。担任新一代运载火箭液氧煤油发动机的主要技术负责人。"

面对没有任何"商量余地"的谈话，张恩昭明白这是组织上对自己的信任。而"这点儿事"张恩昭一做就是十年。

十年磨一剑，甘苦寸心知。

液氧煤油高压补燃发动机的研制是一项全新的工作，不仅采用的推进剂、循环方式与常规发动机不同，在最高压力、涡轮功率、推进剂流量等设计参数上，也比现有发动机高出数倍，必须在结构设计、材料、工艺、试验诸多方面采用一系列的先进技术，这就大大增加了发动机研制的难度。突破这些关键技术，不仅是对几十年来液体火箭发动机已有认识的实践与创新，也是对未来知识的探索与驾驭。

当年，在原 067 基地经多方论证、将液氧煤油发动机作为未来发展方向时，国内外都不看好。有的国外权威专家甚至认为，即使中国能把发动机设计出来，也无法制造出来。

正是顶着这样的压力，在原 067 基地领导的带领下，张恩昭和他年轻的团队开始了异常艰辛的攻关历程。

从 1994 年担任 11 所新一代大推力液氧煤油发动机技术总负责人到 2004 年卸任，十年的攻关经历，张恩昭苦心孤诣，以扎实的专业功底和人格魅力带领着一支年轻的型号研制团队，使发动机连闯涡轮泵联动试验、半系统试验、整机试验三大难关，成功实现整机 600 秒长程试验。

谈起那段艰难的岁月，张恩昭说："最刻骨铭心的还是发动机整机试验中，由于起动问题造成连续四次试车失利后的巨大压力。"

坐过飞机的人都知道，起飞和降落是飞机最难控制的时候，也是出事最多的时候。液体火箭发动机也一样，起动和关机是最复杂、最难控制的动态过程，尤其是起动过程，在几秒甚至零点几秒内，发动机的转动件要从不转动加速到每分钟几万转的高转速，燃烧组件要从环境温度达到三四千度的高温，起动过程的每个指令都必须精确到百分之几秒、甚至千分之几秒，任何一个环节设计不好都可能导致发动机发生故障甚至爆炸。

在液氧煤油发动机整机研制初期，起动问题是摆在张恩昭和研制队伍面前的第一道难关，也是最大的难关。

2001 年，液氧煤油发动机先后进行了四次整机试车，四次失败，甚至一次还因为起动不正常导致发动机发生了爆炸。此时，外界的质疑声再起：靠我们自己的力量到底能不能搞出来?

作为发动机技术总负责人的张恩昭感到了前所未有的压力。他说："那段时间晚上总睡不着觉，有时睡着了就梦到试车失败时的冲天火光和滚滚浓烟，连续的失败几乎击溃了大家的信心。"想起那段艰难的日子，张恩昭至今心绪难平。

为了找到问题的根源，张恩昭牵头组织多方专家和研制人员召开分析会，发挥大家的聪明才智，群策群力提建议，并仿真模拟起动失败和爆炸的过程……经过近半年紧张艰苦的攻关，终于摸清了试车失败的根源和两次试车爆炸的不同机理。

清楚了故障的原因，就可以找到解决问题的办法，他又组织设计人员从提出的几种新方案中，通过对各种方案和程序的组合进行了仿真优化，选定了最理想的起动方案和起动程序。

在随后的试车中，发动机起动平稳，工作正常，按预定程序关机，起动过程与仿真结果吻合良好，液氧煤油发动机终于跨过了起动的难关，使研制任务向最终的成功迈出了一大步。

然而，在攻关的日日夜夜里，张恩昭和他带领的研制团队却付出了巨大的心血。时任液氧煤油发动机研究室主任的李斌谈起张恩昭时，由衷地敬佩："60 多岁的人了，在距办公区 30 公里外的试验区做试验，条件非常艰苦，没水喝，连坐的地方都没有，连续 8 天从下午奋战到次日凌晨，他从不离开现场，坚持与年轻人一起'守夜'，直至亲眼看到完整的试验数据，现在想来仍让人感动。"

一位与张恩昭在新型号研制攻关中共事多年的青年科技人员说：“他永远心平气和，从从容容，让你觉得与他共事，少了浮躁，多了平稳；少了忧虑，多了信心。”

10年的艰苦征战，张恩昭为液氧煤油发动机的研制成功做出了突出贡献，但他依旧平和低调。谈起该型号发动机在我国液体火箭发动机研制历史上创造的多个“第一”时，他淡然地摇着头说：“航天是系统工程，成绩是这个团队每个人共同努力的结果。”

五、事业无憾，愧对家人

52年了，从最初仿制“1059”到研制某系列火箭发动机，从变推力发动机到长征四号乙火箭发动机，从液氧煤油高压补燃发动机再到某预先研究重点型号发动机，张恩昭的梦想伴着生命的年轮一个个成为现实。

在自己钟爱的液体火箭发动机研制领域，张恩昭真可谓没有留下任何遗憾。

而谈到家庭，提到女儿，张恩昭却有一种负疚感。女儿很小的时候，张恩昭的妻子是原067基地航天医院的总护士长，工作繁忙，早出晚归；而他又在长征四号乙运载火箭发动机研制的关键时期，到全国各地跑材料、做调研，出差少则三个月，多则大半年，对独生女儿的照顾成为家里的最大问题。

女儿断断续续同他们夫妻共同生活了四年后，就先后在姥姥、姨妈、爷爷家辗转生活，直至大学毕业后留在外地工作。谈到父亲，张恩昭的女儿一脸的自豪：“从小对父母的印象很模糊，尤其是父亲。但从懂事的那一天起，我就知道父亲干的都是大事。”但在张恩昭的心中却始终有一个结，总觉得对不起女儿，给女儿的爱太少。

“几十年了，我早已习惯了他不在身边的日子，孩子出生时他不在家，孩子生病住院时他还不在家，家里事情一点儿也靠不上他。现在，一大把年纪了还整日忙碌，也不知道顾惜自己的身体。”说起张恩昭，老伴半是疼爱，半是埋怨地说。

其实，70多岁的张恩昭有时候也会觉得很疲倦。然而，只要投入到他热爱的型号发动机研制中，又觉得异常兴奋，仿佛有使不完的劲。如今，在国家高技术航天领域“863”预研课题的研制攻关中，他又忙碌起来，他要继续用真情点燃生命之火，用生命之火铸造事业辉煌。

人生能有几次搏

邹明木

吴美蓉，1936年生于江苏常州，曾任航天工业部计算机与测控联合公司总经理、中国资源卫星应用中心主任。国际宇航科学院（IAA）院士。2014年荣获冯·卡门奖，是国际宇航界第一位获此殊荣的女航天科技专家。

时间闪回到20世纪60年代。一次技术协调会后，时任一院副院长的任新民指着表现抢眼的一名女技术人员，问12所副所长陈德仁："这个小丫头是谁，挺能干的嘛！"陈德仁说："什么小丫头呀，她叫吴美蓉，是我们的留苏生，技术骨干！"吴美蓉揣着莫斯科动力学院的全优成绩单和优秀毕业生证书回到祖国，成了一名航天人。吴美蓉说，她的工作生涯是由四次拼搏串起来的。

一搏试验场

那是个意气风发的年代，我国航天事业刚刚起步，求贤若渴。

吴美蓉被分配到国防部五院二分院一支队搞导弹控制。一次，时任研究室主任的陈德仁组织讨论会，特意提出一个易使人迷惑的问题考大家，吴美蓉迅速准确地分析了导弹所受的推力和重力等一系列因素，其清晰的理论概念和扎实的专业基础，引起了大家的注意。

1961 年，二分院组织导弹制导方案讨论会，初出茅庐的吴美蓉被委任为横向制导方案讨论组负责人，并出色地完成了任务。1962 年至 1964 年，她任坐标转换课题组组长，带领全组进行 40 多项、数百次试验，解决了一系列方案实施中的关键问题。该成果成功应用于我国第一个自行研制的全惯性制导型号。到 1977 年，她已参加过 20 多次飞行试验和储存测试等大型试验，16 次担任试验队副队长。为使导弹按时发射和准确命中，她多次排除重大故障。她还为导弹延寿 3 倍、缩短 2/3 的发射准备时间做了大量工作，从而提高了型号的性能。

吴美蓉的果断干练，和试验场上一次次紧要关头的考验密不可分。她认为，具体的实际演练能改变节奏相对缓慢的实验室作风，有了过硬的本领，才能够迅速排除问题。这些素质，在吴美蓉日后组织大型工程的经历中发挥了重要作用。

二搏数字化

1980 年前后，时任我国新一代型号控制系统副主任设计师的吴美蓉，接触到了“全数控系统”的新概念，并着手引入航天。当时中国的改革开放刚刚起步，缺乏必要的技术、仪器和经验，搞数字化的难度可想而知。为了让新一代型号工作顺利进行，在国家科委领导下，航天系统准备引进一批微型计算机。当时，国内对微型计算机的概念几乎是一片空白，于是各单位派一名代表通过基础考试后统一接受培训，回去再指导大家使用计算机。吴美蓉凭借英语基础、专业技能成为不二人选。走之前，她把新华书店所有关于计算机硬件、软件的英文书都买了回来进行研究。在香港，她又通过刻苦努力，使自己对计算机的认识和应用提升到了新的层次。

20 世纪 80 年代初，中国航天迎来新的春天，型号更新换代提上议事日程。

当时世界上将计算机引入航天测试已成潮流，而中国在这一方面亟待突破。一个外国专家说："中国上天的东西不落后，地面的东西却是落后的。"吴美蓉不服气。1982 年，为大力加强计算机与测试技术，航天工业部成立了计算机测量与控制联合公司。吴美蓉受命从 12 所调至该公司，从副处长到总经理，她始终负责技术工作并协助领导负责 CAMAC 工程，研制出了很多符合国际标准的软硬件模块。

当时，这家公司下辖 3 所 6 厂，规模相当于研究院。吴美蓉从技术岗位到管理岗位，转变角色，完成了重任。通过组织并参与技术攻关，她使 CAMAC 技术在战略和战术武器、运载火箭、卫星等 20 多个型号中应用的技术难题得以解决，节省了大量研发时间和上亿元的资金，使航天测控发射技术进入了国际先进行列。

三搏亚运会

在北京奥运会来临之际，吴美蓉对自己人生中的第三次拼搏，依然记忆犹新，讲起来如数家珍。1990 年秋，第 11 届北京亚运会成功举行，参会的运动员、教练员、裁判员和各国政要近两万人欢聚北京。当运动员们一次次打破纪录，荧光屏前响起阵阵欢呼时，谁曾想到，幕后那些身怀绝技的电子专家，默默地操控着一个庞大的电子服务系统。吴美蓉正是这个系统的总设计师。为此，她奋斗了 5 个春秋。

亚运会是我国首次承办的大型国际运动会，影响重大。当朋友们得知吴美蓉要搞亚运会项目时，都担心地劝她："别当总师，这个项目太引人注目了，搞不好要'跳楼'的。"但喜欢挑战的吴美蓉，凭借大型工程的管理经历，立下雄心，一定要用中国航天的技术与实力为北京亚运会增光添彩。

接手亚运会电子服务系统工作后，为了借鉴经验，吴美蓉两次率团赴曾成功举办过亚运会的韩国观摩取经，带回资料 23 册。电子服务系统包括计算机、通信、广播、电视等 5 个分系统，涉及多个部委以及上百个比赛场馆、非比赛场点和电信、电话局。在各分系统的安装中，她的足迹遍及京城内外。为调试天线，她上过还未封顶、高达数百米的中央电视塔，大风一刮，人和天线同时晃悠；为铺设光纤和电缆，她经常钻地沟，有时半天时间都要猫腰前进，辛劳可想而知。

离亚运会开幕仅剩3个月时，电子服务系统开始第一次联调。由于系统十分复杂，时间又很紧张，在调试中，虽已解决了许多困难，但让人担心的问题还是在开幕前两天发生了。连接600多台计算机和终端的网络出了故障，所有网上查询都无法进行。幸好，在吴美蓉和全体科研人员的努力下，最终将故障及时排除了。

“真悬哪，如果最后一个故障不排除，就离‘跳楼’不远啦！”回想往事，吴美蓉至今仍心有余悸。亚运会后，表现出色的吴美蓉引起了媒体的注意。许多媒体一次次找上门来要采访，但都被她谢绝了。

四搏资源星

吴美蓉最看重第四次拼搏——创建中国资源卫星应用中心。1990年6月开始筹备，当时国家的大环境是压缩编制、精简机构，要使方方面面认识到开拓卫星应用事业的重要意义，是一件相当艰巨的工作。此事牵涉面广，从国务院总理、副总理、国务委员到有关部委领导，从航天、遥感、电子、计算机、光学等领域的数十位院士到遥感业内的无数专家，都是吴美蓉要打交道的对象。

5年多时间里，她组织撰写了数十万字的论证材料，并拿着材料到各部委奔走游说，单汇报就数百次。当时国家计委的主管领导因此对吴美蓉印象深刻。当国家计委审批了可行性报告后，这位领导亲自打电话告诉她这个喜讯。

资源卫星应用系统建设有很多难点：周期短，从立项到发射不到一年，而通常这个时间要一年半到两年；“资源一号”是我国和巴西联合研制的第一颗传输型、长寿命的陆地资源卫星，之前没有试验星，直接应用运行，技术性能存在未知性；距离发射不到一年，而资源卫星应用中心尚无栖身之地……然而，这些软、硬件方面的困难并没有把吴美蓉吓倒，她知难而上，迎接挑战。

吴美蓉作为资源一号卫星应用系统的总设计师，实现了很多创新性构想。

她从方案设计开始，就提出将成熟的高密度磁带机技术和先进的 0 级机器人磁带库归档技术相结合，简化了星地两大系统中最重要的卫星—接收、接收—处理两大接口，为“资源一号”的成功应用立下了汗马功劳。

吴美蓉着眼长远，为中国资源卫星应用中心的未来搭建起了良好平台。1999 年资源一号卫星发射升空后，卫星应用的各项工作有效地开展起来，而吴美蓉把位置让给了年轻人，转而从事国际宇航交流工作。国际宇航科学院主席团会议要她奔波，航天国际合作方面的事务要她参与，如何进一步扩大中国航天的影响要她出场。

吴美蓉虽已年近耄耋，但处处展现出永不服输的精神。“现在没有以前那么忙了，有空的时候我会陪老伴散散步、打打球。我还很喜欢唱外文歌，有时候边干家务边唱歌，挺快乐。”她说，她总是闲不住，“我恨不得回到家放下包就拿拖把。”家务活里她最喜欢打扫卫生，并自诩为“清洁班班长”。老伴心疼她，让她多休息会儿，可她依然忙个不停。

“夕阳无限好，只是近黄昏。”可见到吴美蓉，你就会想起：“莫道桑榆晚，为霞尚满天。”不懈拼搏的人生充满无尽的诗意。

“听”电视的人

王晓彦　张美书

看电视，是中国百姓8小时工作之余最普通的休闲方式。然而，它对于067基地7103厂职工、全国劳动模范曹化桥来说，却是一份“高不可攀”的奢侈享受。几十年来，他从来不敢看一眼电视，他说看电视会“伤”眼睛，他要把自己的一双“火眼金睛”用到火箭喷注器的小孔加工上。别小看他这双眼睛，他可为咱中国工人争了光。

1988年金秋，坐落在大山深处的067基地7103厂迎来了以火箭专家史密斯先生为首的美国休斯公司考察团。美方拟用中国长二捆火箭，发射他们为澳大利亚制造的卫星。考察中，美国专家们对大型液体火箭发动机喷注器的研制加工产生了浓厚的兴趣，同时对小孔加工能达到这样高的质量表示怀疑。当听说这份工艺是出自一位普通工人之手时，史密斯和他的同事们更加惊奇，提出来要亲自看一看。

于是，曹化桥来到小孔钻床旁一展“中国功夫”。只见他浓眉下的一双眼睛一眨不眨地注视着显微镜下，右手紧握着钻床手柄，紧张有序地进钻、退钻，比针头还细的钻头在工件上忽进忽出，运作轻松自如……

当一个亮晶晶的拇指般大小的工件放在史密斯先生的掌心时，专家们无不惊奇地睁大了眼睛，仿佛在欣赏着一件稀世珍宝。显微镜下的工件上，直径为 0.15 毫米的斜角对称交叉的 400 对微型小孔密密麻麻，井井有条。欣赏着这精湛的技艺，几位美国专家不约而同地竖起了大拇指，连连称赞："中国工人了不起！"

为了练就并保持这一绝活，曹化桥付出了太多太多。他知道，要使成千上万个头发丝般大小的小孔个个符合图纸要求，没有一双好眼睛是难以胜任的。于是，数十年来，他忍痛割舍了看电视。当人们谈论着《红楼梦》《北京人在纽约》《三国演义》里的精彩情节时，曹化桥的脑子里却在琢磨着他的小钻孔。

为了解国家大事，他在家人看电视的时候，就闭上眼睛"听"新闻。"听"完新闻联播，他就一心扑到钻研小钻孔的加工技术中。天长日久，他患上了多种疾病——腰腿病、静脉曲张、胃病、痔疮……但他强忍着，从不肯休息一天。领导和同事们都催他去看病，他总是说："生产任务这么紧，等忙完这阵儿再去吧！"然而，对他来说，哪一天会闲着？

细心的同志们曾为他算过一笔账：从 1984 年到 1994 年这 10 年间，曹化桥一个人完成工时 57473 小时，相当于 24 年的工作量。在厂里生产任务特别饱满的几年中，他完成的工时是一般人的 3 ~ 5 倍；他义务加班 2400 多个小时，主动放弃公休、换休假 400 多天。俗话说："甘蔗没有两头甜。"曹化桥"痴恋"厂里，"失恋"家里，家里做饭、洗衣等家务活，都成了妻子的事，他几乎没有时间陪妻子看电影、逛大街。

曹化桥年年有革新，年年有创造，多次攻克重大技术关键，解决了十几项小孔加工的技术难题；他自制小夹具、小工装等 20 多项新工具，提高了生产效率，降低了生产成本，为我国长征系列火箭和新一代战略导弹的生产作出了突出贡献。他多次被评为厂、基地先进工作者和标兵，荣立过大功和一、二、三等功，1981 年被评为航天部劳动模范，1995 年 4 月又荣获全国劳动模范称号，在北京受到江泽民等党和国家领导人的亲切接见。

车间小天地，航天大舞台
——特级技师张勇峰的光彩人生

秦东风

当“神舟十号”再赴天宫，圆满完成预期目标任务，航天科技六院研制生产的“金牌”发动机，又为中国航天梦添上了浓墨重彩的一笔。他也因此接受了中央、省、市电视台的采访，受到关注。由初中毕业被迫选择上技校，到自学取得本科文凭，由普通车工成长为研究员级车工特级技师，他的成长经历，印证了习主席“有梦想，有机会，有奋斗，一切美好的东西都能够创造出来”的话无比正确。他就是航天科技六院航天发动机厂25车间机加一组组长张勇峰，他到底有哪些鲜为人知的故事呢？

一、替父母分忧，毅然选择技校

张勇峰出生于航天世家，父母、姐妹都在航天六院工作。1987年，16岁的他为继续上高中考大学还是上技校而纠结。考虑到家中姐妹多，经济条件差，他毅然选择了航天子弟包分配的航天红光技校。在上技校期间，他从不被动学习，常常是先学一步，先练几次，成绩一直名列前茅。在上技校二年级时，他意外得到一本《金属切削实用指南》，读后兴奋得失眠了，恨不得马上用实践检验自己是不是一块干车工的料。为打下坚实的车工基础，他常在课余时间偷偷溜进实习工厂预习未学内容，曾多次被老师“撵”了出来。由于勤学苦练，他的理论与技术水平明显高于他人。

二、进军品车间，善于啃硬骨头

1990 年，张勇峰以优秀的成绩毕业，分配到航天发动机厂技术水平要求较高的 25 车间当车工，成为石建立师傅的学徒。该车间承担着大型液体火箭发动机中各种阀门的生产任务，火箭发动机能否正常启动、关闭、调姿，关键要看该车间职工手中活儿干得如何。

学徒期间，他干废过不少零件，师傅在承担责任的同时，放手让他锻炼。他喜欢加工自己从未加工过的零件，挑战自己的极限。工作头三年，他几乎干遍了车间所有难加工的零件，也经受住了实践的考验，成为年轻工人中的佼佼者。

1992 年 3 月 22 日晚，我国发射澳大利亚通信卫星，刚点火却因故障而紧急关机。当听到“中国的航天技术还差得远”“中国的航天产品质量太差”等言论时，张勇峰的心里很不是滋味。看完发射实况转播的当晚，他彻夜难眠，心中怦然萌发一个强烈的意念：一定要用自己的双手为国人争气，圆航天人的强国梦。

为了尽快把“澳星”送上太空，厂里计划在一个月内抢制出发动机启动活门。组长决定把加工启动活门壳体的任务交给张勇峰。“初生牛犊不怕虎，敢于比拼亮刀锋。”他认真研究了图纸，做了充分的准备工作，最终只用了三天，就加工出了质量过硬的零件，为“澳星”的再次发射赢得了时间。

他发明过 30 多种工装、夹具、刀具、量具，突破了 0.001mm 精度的精密加工。他发明的硬质合金研磨棒，解决了多年困扰装配工的安全阀技术问题，已经沿用了 13 年；他发明的量规，解决了精密零件空间尺寸测量问题，并写入了工艺规程。

三、擅技术比武，为航天人争光

1995 年，张勇峰首次参加厂里的技术比武，一举夺冠。两个月后，又参加航天六院的技术比赛，夺得亚军。1996 年，他代表航天六院参加陕西省举办的“金刀工程”技能大赛，摘得桂冠，成为陕西省“金刀状元”。1998 年，他被破格聘任为国家级技师。

2001 年，他在航天科技集团公司技术比武中夺得第二名，为此在返程途中，与某专家探讨了一整夜，终于找出了问题，这才如释重负。他经常提醒徒弟，问题绝不过夜。

2007 年“五一”，他带领班组选手参加陕西电视台劳动技能挑战大赛，在钻床上给生鸡蛋钻孔，给铺在气球上的白纸钻孔，他发明操作的在车床上加工生鸡蛋，展示了“蛋壳规则不破碎，蛋膜不伤液不出”的高超技艺，实现了“铁疙瘩”与艺术的完美结合。

2013 年 5 月，在集团公司“技协进班组”的现场会上，他所在班组的选手再次表演了技术绝活：20 秒钟手工配钥匙、车加工公差 0.01mm 的圆球、铌合金快速车削，以及他发明的车加工玻璃瓶等，令在场的所有领导、专家赞叹不已，现场观众无不拍手叫好。

张勇峰操作车床加工零件

四、倡生产八法，培养团队精神

他在工作中推行《质量工作十五条》，编制了《班组质量案例汇编》，他主编的《安全生产小技巧》在全厂推广。一个复杂的壳体，加工工序长达40多道，生产周期5个月。为了保证产品质量，提高加工效率，以适应航天产品高密集交付、高密度发射、高强度工作的任务需求，他和工艺员、操纵者、车间领导一起研究方案、创新刀具、更新夹具，历时半年，实现了将该壳体的19道重要工序合并为一道，生产周期缩短至一个月。某型号轴为急件，原本45天的生产周期缩短为18天。他奉命任突击队队长，为避免产品出错，每道工序的首件他必亲自测量。为了让产品顺利快速流转，最关键的几道工序，他始终在现场协调。整整72小时，离厂区只有10分钟路程的家，他一次都没有回过。18天过去了，产品以百分之百的合格率通过验收。

他总结出的单元突击法、同类合并法、以一当十法等"生产八法"，大大提高了生产效率。近五年，他所在组不添设备、不多加班，生产效率翻了一番。

1999年，28岁的他当上了组长。他懂得"一花独放不是春，百花齐放春满园"的道理，他要让他的团队共筑航天梦。2004年，他有了创建"航天一流班组"的想法。他注重培育本组职工的团队精神。在每天的晨会上，他大声朗读《团队精神》《办法总比困难多》等书中的精华段落，引导职工找准人生方向，自觉处理好个人与集体的关系，加速优秀团队的形成。

张勇峰想出了在零件的周转箱上贴红旗标签，以控制零件的表面质量的新措施。半年中，共有180人次生产了"红旗零件"，节约了返修工时1500余小时，减少了30%的返修工作量，大大加快了生产进度。张勇峰在组内推行民主管理，开展"一日班组长助理"活动。他还在情人节时给本组成员每人送一束鲜花，让他们转送自己的爱人；在儿童节，他为有孩子的职工买来文具，让他们转送给孩子，使大伙的心里热乎乎的。经过多年不间断的一帮一、师带徒、单项高效培训、技术比武等多种形式的培训，张勇峰所在班组的技术水平迅速提高。组内现有特级技师2人，高级技师1人，国家级技师6人，有10人曾获得国家、中央企业、陕西省、航天科技集团公司的20多个荣誉称号。班组每年产量都增长30%以上。2004年，班组荣获陕西省“青年突击队”称号；2007年，获得“陕西省先进集体”称号；2008年，获得陕西国防“工人先锋号”称号，2009年，获得“全国工人先锋号”称号，真正实现了业绩一流、创新一流、素质一流、管理一流的创建“航天一流班组”的梦想!

五、常公而忘私，怠慢最亲的人

1995年，张勇峰的女儿出生，2014年，女儿已经19岁。在女儿的记忆中，每天晚上，当自己进入梦乡的时候，爸爸还没有回来；第二天清晨，当她睁开眼睛的时候，爸爸已经上班走了。在六院机关工作的妻子师焕荣说：“都习惯了，一有突击任务，72小时你都见不到他人影，说不心疼是假的。别人加班时，给家里打个电话，他却正好相反。下班时间只要他不给我打电话，那一定是在加班了。”他曾多次承诺全家人利用节假日出游，但都因为加班食言了。妻子出差，他照顾孩子的常常是一袋袋方便面。他感到亏欠妻子和女儿的太多。他动情地说：“可以说，跟我最亲的人，都是我最怠慢的人。”

六、踏实干事业，赢得精彩人生

张勇峰在陕西省总工会组织的《我的中国梦》宣讲中说道：“人生出彩、梦想实现需要爱岗敬业、苦干实干。爱岗敬业就要把自己应该做的事做好。老老实实做人，踏踏实实干事，人生就会出彩，梦想就能实现。”张勇峰为人低调，深感自己得到的许多荣誉，是沾了中国航天的光，他品尝得更多的是拼搏时的亢奋与成功时的快乐。他表示自己还会为中国航天再拼搏20年。因为航天六院、航天发动机厂给他搭建了一个人生大舞台。他要通过自己的不懈努力，最终圆自己的航天梦。

5 综合篇

国家的任务，总得有人干哪！

王晓彦　张美书　李　威

生与死，对许多人来讲，实在是一个沉重的话题，恐怕只有哲学家愿意把它作为一个穷究不尽的哲学命题来探讨。但在四院 7416 厂特种原材料合成组，就有这样一群职工几乎天天与“死神”打交道。

固体发动机为型号提供了澎湃的动力，这种动力直接来源于一种新型推进剂。这种推进剂极其敏感，轻微的碰撞、摩擦都有可能导致其发生爆炸，且爆炸威力极强。杨承华，7416 厂特种原材料合成组组长，历经数次发动机推进剂爆炸，死里逃生的他，对所从事的工作有着刻骨铭心的感受。

有一次，他与同事一同被选派到兵器行业某厂学习新型推进剂关键原材料的配制工艺。那一天，他正透过一个窗口观察反应室内原材料的合成过程，突然发现室内冒起了一股黄烟。他拉着同事刚跑出不到两米远，身后便传来一阵剧烈的爆炸声。想到这些，杨承华至今仍心有余悸：在这次爆炸中，那个厂的一名员工当场被夺去了生命；如果自己在窗口再多看一秒钟，后果将不堪设想。

一幕幕惨烈的场面，使与杨承华一起去学习的同事宁愿辞职，也不愿再干这整天与死神较量的活了，而学成归来的杨承华却坚定地留了下来，并一直坚持到今天。

最令杨承华难以忘怀的是一次新型推进剂生产线的爆炸。爆炸之前，他和同事正在工房侧面的废水池清除废料。突然，工房发出一声闷响，随之热浪袭来，飞沙走石，墙倒屋塌。他和同事机智地趴在水池旁边，只是被飞起的石块砸伤了背部，躲过了一劫。

现场惨不忍睹。断壁残垣中到处都是危险的药剂，废墟下还埋着装有 800 多千克特种易燃易爆材料的两个大罐子，稍不小心，随时有可能引发再次爆炸。排险刻不容缓！工厂迅速成立了事故排险队，刚刚与死神擦肩而过的杨承华也报名参加了。厂长刘祥瑞带领生产线的 5 名员工拿着棉被、石棉布和水桶，第一批走入布满“地雷”的事故现场，小心地将每一处危险品、危险点隔离得严严实实；副厂长李文岛带领杨承华、翟宏新手抱炸药包，穿过坍塌的钢梁，跨过废墟，将炸药包放到引爆点，去引爆两处高敏感性炸药最多的地方，清除爆炸隐患。

厂里雇了附近农村的一辆吊车起吊那两个大罐子。当吊车司机听说罐子里药剂的“威力”后，吓得不敢干。在场的 7416 厂领导说：“我就站在你旁边，你怕什么！”但无论怎样做工作，那个司机还是不敢干，并连夜将吊车开跑。厂领导和职工只好自己动手用土法起吊，除去了这两枚威力巨大的“定时炸弹”。

天天游走在生死边缘，问起这些航天人怕不怕，他们回答道，“说不怕是假话，但这是国家的任务，总得有人干哪！”话语质朴而动人。

排险工作顺利结束后，7416 厂新生产线建设又旋即展开。这时正值寒冬腊月，不宜施工。为了抢进度，他们烧开水拌水泥，冒着漫天大雪修建新厂房。经过 150 天日夜奋战，一条新的新型推进剂生产线以最快的速度诞生了。特种原材料合成组的同志又开始忙碌在生产线上，开始了他们新的“惊险人生”。

我的岗位请放心
——记七院 7102 厂总装车间生产三组

王晓彦　全先刚

清晨，红红的火球窜出山顶，万道金光瞬时点亮沉寂的大山。7102 厂第一事业部总装车间门前竖起的红色巨幅标语牌沐浴在阳光下，“国家利益高于一切”几个彩色大字分外夺目。标语牌前一队白衣白帽的人举起右手，郑重承诺：用汗水书写激情，用成功报效祖国，我的岗位请放心……此情此景，让入职不到一年的青工刘坚心潮澎湃，感到肩上有了一份沉甸甸的责任。

近年来，随着高密度发射任务的到来，航天企业也迎来了前所未有的挑战，如何充分发挥现有力量圆满完成国家重点型号任务，身处大山中的 7102 厂总装车间生产三组传承航天精神，以现代班组建设为抓手，全面提升队伍的素质和能力，出色完成所承担的产品任务，受到集团公司、用户单位的高度赞扬和肯定。班组先后获得全国“质量信得过班组”、中国航天科技集团公司“六好班组”荣誉称号。

一、传承：航天精神放光彩

“后墙不倒”是航天总装线上最怕听到又常听到的高频词。它意味着不论前面生产单位的时间如何变动，型号总装生产都要保证在既定的时间内完成任务。

从小随父母从北京到了三线、十几岁进厂学徒的“航二代”李茂华清晰地记得，20世纪90年代初，全厂在连续10个月不发工资的情况下，为了确保某新型火箭按时交付，有人累倒在工作岗位，有人推迟了婚期，有人将亲人病逝“催回”的电报往桌上一搁，走进生产现场。师傅们玩命工作的情景，让他对航天人硬朗的作风有了刻骨铭心的记忆。

走进总装车间，勤学善思的李茂华学得了一手好本领，成为车间最早的一批高级技师。一次，为突击某型号任务，李茂华和同伴吃住在车间，忘记了时间，没日没夜地苦干，一个月下来，任务按期交付，李茂华却瘦了十几斤。问当时苦不苦，李茂华说：“当工人，活来了，干不出来更苦。”

“干航天，就意味着你不仅仅属于你个人，更属于国家。”这是已当了十几年小组长的李茂华常对组员说的话。为了帮助青年人尽快融入航天文化，班组在继承“传、帮、带”的优良传统、全面提高员工思想作风和操作技能的同时，精心策划了“青年岗位献青春”“党员结对子”等主题实践活动，耳濡目染，言传身教，从点点滴滴中让年轻人去感悟航天精神和“严、慎、细、实”的工作作风。一个个老师傅退了，一批批年轻人来了，但航天人的精气神却牢牢地在三组扎下了根。

2010年，某产品任务极其繁重、时间紧迫且状态复杂，能否完成，从院到厂、车间都捏了一把汗。任务来了，李茂华带领三组二话不说，一个字“拼”，每周7天正常班，每天加班5小时，小组共计加班350人次2000小时，硬是将产品总装周期缩短了三分之一，在最短的时间内圆满完成了装配测试任务，交出一份优质答卷，赢得了两总的高度赞扬。

航天事业是崇高而神圣的，总装线上默默付出的航天人更是可敬的。他们如无名的小草一般在大山中织就了一道道国防绿。

二、创新：让每个人有节奏地“律动”起来

三组现有员工16人，平均年龄不到31岁，其中80后、90后占员工总数的69%。如果不是亲眼所见，很难相信一批批国家重点产品就是出自这支年轻队伍。“原先需要五六十人干的任务，现在十几个人就能完成，这是一种颠覆。”车间领导提起自己的“尖刀班”满脸自豪。

面对繁重的任务，三组充分挖掘每一位员工的潜力，推出了“高低音协奏、长短音齐奏、合奏音调校”三种培养模式，让生手成为熟手、让专才成为通才、让问诊成为会诊，取长补短，放大优势，形成了独具特色的“律动”文化，全面提升队伍素质，为“保进度、保质量、保成功”提供了坚强保证。

在组长李茂华眼里，每一名组员就像乐器上的一根弦，一个音，有高有低，有轻有重，只要全神倾听，用心调校他们的音准，就能有序地发出优美的琴声。

测试与装配相互学，老师傅与小师傅结对子，每一个人都学有目标。刘海林拜师车间最年轻的技师李世和学装配，一年下来已达到初级工以上水平，并取得相应资格证书。干了8年测试的他颇有感触地说：“以前测试排故，往往要通过产品电路图，才能找到故障点。现在排故，我头脑中反射出的往往是产品上的某个具体位置，查找问题更准、更快捷了。”通过“多专多能、跨工种、跨岗位”的复合型人才培养，一批像刘海林这样既精通装配又精通测试并掌握相关知识、技能的实用型人才茁壮成长。

陈海蓉是组里的质量员，除了负责组里的日常质量管理工作外，她还有一项重要的工作，对“每日一题”汇集的问题进行整理。在现场，她分门别类地拿出厚厚一摞资料卡片，里面记录着这些年组里在型号生产中面临的一个个实际问题及解决办法。李茂华笑着说：“这可是‘金不换’，已成为引导新人、资源共享的知识宝库。”

戴副眼镜、一脸斯文的代雪松被工友称为“教授”，是车间的“QC王”，多次获得工厂、车间小改小革奖。他颇有心得地说：“我很多创新的火花就来自于‘每日一题’。”近年来，小组先后获得工厂20余项QC成果奖。小

组自行设计的双头小螺栓，有效解决了某产品发动机防热群安装操作难度大、费时费力、质量难保证的问题，深受用户单位的好评。

在工作中互助，在互助中共享，在共享中成长，平凡岗位当尖兵。三组通过“协奏、齐奏、合奏”，在大山深处吹响了雄壮的航天交响曲。自1979年以来，班组圆满完成了所承担的国家重点任务，并创造了质量100%的纪录。

三、质量：情绪管理铸造放心品牌

“绳子总在磨损的地方折断，事故总在薄弱的环节出现。”走进三组生产现场，型号生产现场操作“三清”“易出错”项目11条，关于产品质量的看板随处可见，处处警示着组员要细心、细致。

总装测试是个精细活，任何疏忽都有可能酿成大错。近年来，为了避免低层次质量问题，三组秉承“小事成就大事，细节成就完美”的质量理念，制定一系列质量保证措施，并从细节入手，消除滋生质量问题的土壤。

不带情绪上岗，是三组一条不成文的规定。每到重大任务开装前，班组都要发放员工调查问卷，了解员工家庭生活等有关问题，获取诸如子女升学、为异地父母祝寿、购房等信息，建立了员工思想动态卡和困难、问题数据库。每天上岗前，每位组员都要填写一张记录卡，真实记录当天的心情状态。透过这些调查，为每位员工度身定制情绪“晴雨表”，及时掌握员工的心理状态，对员工表现出来的波动情绪，确保提前知晓，提前预防，提前解决，为型号生产保驾护航。

2012年，组里一位爱说爱笑的员工在“晴雨表”上写下了“很累，很烦”几个字，很快，组长李茂华就找到情绪低落的他了解缘由。原来是他远方家里遇到了难事：岳父生病住院需要人照顾，孩子年幼读书需要人接送，而一直由妻子侍奉的自己的父亲年老体弱也离不开人，妻子希望他回家帮一下忙。面对妻子合情合理的要求，考虑到班组任务繁重的现状，他辗转反侧，一夜未眠。了解详情后，李茂华一边安排他当日做些辅助性工作，一边向车间领导汇报这位组员生活中的困难，寻求组织的关心，避免了因情绪影响可能导致的产品质量差错。

据统计，2012 年，围绕产品质量，三组提出合理化建议 30 多条，其中被采纳的合理化建议 16 条，经他们亲手组装的产品更是创下了一次交检率 100% 的佳绩。

“干就干好，我的岗位请放心！”这是全组人员掷地有声的回答。

四、班组：这儿是我们温暖的家

只身来到事业部，对于 90 后的刘坚来说，生活环境的陡然反差让他并不后悔当初的选择。因为这里有对自己如亲人般的李师傅和同事，有着家一般的温暖记忆。

在事业部的第一个中秋节，小刘和同事是在李师傅家中度过的。几个人一起擀饺子皮、调饺子馅，忙得不亦乐乎。当热腾腾的饺子摆上桌时，家的温暖记忆在他的内心不断翻腾。

组员代雪松记得，多年前爱人进沟探亲，李师傅得知后，忙活了一中午，包了一大碗饺子给他们端过来，小两口被感动得不知所措，至今心怀感激。

饺子已成为他们团聚的代名词，也是他们团圆的最好见证，藏在内心深处，简单而温馨。

2012 年下半年，恰逢某型号任务进入攻坚阶段，三组人员已经连续奋战了一个月之久。在李茂华 49 岁生日前夕，众徒弟私下商议要给他过生日。

当日，事业部小小的馆子里，单位的同事和领导也都前来祝贺，坐了整整五桌，仅生日蛋糕就有五六个。这样热闹的场面让李茂华又是惊喜，又是感动。

现场，徒弟们排起了长队，轮流挨个给他敬酒，感谢他多年来给予的教诲，劝他别太拼了，注意腰椎病，以后弯腰的装配活儿让他们来。此情此景，让这位铁骨铮铮的汉子动容不已。听着徒弟们的你一言我一语，李茂华脑海中浮想联翩。慢慢的，心醉了，人也醉了。

遇上组里加班，家里孩子的饮食就成了大家关心的问题。三组积极协调，安排孩子们一同吃加班饭，在解决了组员后顾之忧的同时，更让孩子们亲身体会到父母工作的艰辛与不易。

繁忙的工作之余，三组会组织孩子们参观航天传统教育基地，普及三线历史，追忆父辈岁月；组织开展亲子活动，在娱乐中增加默契，增进感情。

每逢生日，组员都会收到大家的一份祝福和精美小礼物；聚会后，大家会相约来到厂门口卡拉 OK 厅，吼上几嗓子，而《朋友》是每次必点曲目；每逢空闲，又天空作美，大家会结伴而行，走向周围的群山，用脚丈量着群山的高度，在山巅振臂高呼。

“我的岗位请放心……”山谷间再次响起铿锵的誓言，声震云霄。忠诚和责任让这些普普通通的航天人散发出不可抗拒的精神力量。班组小天地，国防大力量。请记住中国航天最后村庄里的这些可敬的航天人，请记住这支充满战斗力的团队。在中国梦的感召下，他们将高高擎起航天精神的猎猎大旗继续前行，以热血和汗水铸造共和国的倚天长剑。

凉山深处壮国威
——中国航天发射直播二三事

张雪鸿　周小松

凉山州地处我国四川省西南部大小凉山腹地，它南至金沙江、北抵大渡河、东临四川盆地、西连横断山脉。建国初期，这里聚居的彝族人民实现了由奴隶制社会直接跨进社会主义社会的华丽转身。20 世纪 90 年代，被誉为东方休斯敦的西昌卫星发射中心，以对外发射服务的骄人战绩再次展现了中国航天的辉煌。我们以参加卫星发射直播任务的中国航天转播车为切入点，采撷了 20 世纪 90 年代中国航天事业蓬勃发展长河中的几朵浪花，以缅怀那段激情燃烧的岁月……

一、直播任务需求急迫，转播车辆应运而生

和我国航天事业的发展经历一样，中国航天转播车是航天人自力更生和集体智慧的结晶。现在的电视转播车底盘都是奔驰车

等名牌车辆的底盘，车身豪华名贵，车内设施绝大部分依赖进口，造价不菲。而中国航天转播车采用的是国产东风八平柴底盘，随车配置的许多设备都是国产的，但主要性能指标十分先进，而且各种接口设施完全适合发射中心的具体环境，特别是在安全可靠性方面做了多种设计改进。

中国航天转播车的研制任务由刘纪原副部长亲自下达并亲手题写车名，计划司、科研司按照航天型号模式调控研制进度，车内设施由上海广播器材厂抓总研制组装，车体部分由上海飞机制造厂负责装配，车上视频、音频、通话、录编、技监等八大系统的研制人员夜以继日地开展工作，在管理机关和使用部门的密切配合下，按时保质完成了整车研制任务。

二、聆听前方任务召唤，“零担运输”辗转西昌

执行卫星发射直播任务需要国家多个部门的团结协作，根据任务指挥部的统一安排，以中央电视台为主的发射直播团队及物资设备都是在任务后期组队进场，我们的航天转播车也不例外。

由于不能跟随航天发射大队的任务专列一同行进，中国航天转播车及随行人员只能采用铁路系统“零担运输”的货运方式辗转前往西昌。一路上，且不说装车过程的辛苦曲折，不说在货运列车上做饭时会经受多少次“锅面分离”的巨大惯性考验，就说在几千公里长的铁路线上且行且走、发车时间没谱、食品补充困难、列车不断地在货场被解列后漫长地等待编组，随车押运人员能够走下火车到地面站一会儿，都成了最美好的享受……

在这样“零担运输”的条件下，我们的航天转播车辗转数千公里，经京广线、宝成线、成昆线等多条线路，从华北平原驶向祖国大西南的崇山峻岭，一路上穿云破雾，航天转播车的十个车轮牢牢地站立在平板货运车上，在一座座桥梁上、一个个山洞中平安通过，车前野马式轿车的全景式玻璃窗被保护得安然无恙。当闪亮的铁轨连接起一幅幅旭日晚霞的多彩画卷、车窗外的景色渐变成漫山遍野的浓绿色时，我们才确信山环水绕的旅途终点正向我们迎来。

三、融入央视新闻团队，鼎力直播核心阵容

熟悉的漫水湾，熟悉的发射队为我们接风洗尘，不同以往的是，我们航天转播车的工作人员，要跟随发射直播任务团队一起行动，我们的吃住也不在协作楼的大本营。发射直播团队有西昌卫星发射中心的相关部门统一接待，央视派出了来自不同部门的20多位精兵强将，我们来自转播车的3名技术人员以及来自太原卫星发射中心卫通车的几名技术人员都作为直播团队的正式成员。在整个直播技术链路中，航天转播车是核心环节之一，央视的导演们就在转播车的导控台前就坐，来自发射现场的各路视频图像，来自指挥控制大厅的各路图像，来自参观区现场观众的图像和各路音频信号、通话信号，都源源不断地闪现在转播车的预监、主监和技监屏幕上，转播车上的各种接口面板上连满了各种类型的信号线，巨大的责任感和光荣的使命感使得大家工作起来格外认真，屏幕上任何细小的干扰信号都会在世界人民面前影响中国航天的形象。因此，尽管经历了多次系统合练，尽管每个人都技术娴熟、预案在胸，发射前的时刻还是我们直播人员最紧张的时刻，每个岗位都在反复默练着自己的各项操作。

而此时此刻，静静地矗立在发射塔旁的运载火箭则像披甲上路的英雄一样沉着平稳。随着倒计时口令在山谷里余音缭绕，巨烛般的火箭冲天而起，把炽热的烈焰从容地书写在天地之间，群山顿时沸腾了，这是蕴藏已久的凉山的真正生命！隆隆的火箭轰鸣声昭示着中国航天事业的勃勃生机，世界航天大舞台绽放了中国航天的风采！火箭的轰鸣太令人震撼了，脚下的大地托载着转播车身也同时强有力地震颤着，我们虽然无暇观赏这壮丽的情景，但我们的情感伴随着火箭的隆隆腾飞而升华迸发。

这是一次终身难忘的人生体验，往日的艰辛，今日的辉煌，不同的经历，相同的情感！我们只是中国航天队伍中的普通一员，但值得自豪的是，我们一次又一次见证了航天事业的辉煌时刻，由此催生了我们的工作责任感。不管时光流逝多少年，不论我们今后将奔赴何处，中国航天，你壮丽多彩的神韵，将永远镌刻在我们的心中！

引燃激情，勇攀高峰
——42所研制北京奥运会珠峰火炬引火器纪实

刘国伟

2008年5月8日，举世瞩目的北京奥运圣火成功登顶珠峰，书写了人类奥运史上又一新的伟大壮举。消息传到42所，全所上下一片欢腾，正是该所研制的奥运珠峰火炬引火器在珠峰峰顶低温、低压、缺氧、大风等恶劣条件下，成功引燃了“祥云”火炬，使得奥运圣火得以在珠峰激情绽放，熊熊燃烧。

一、威严珠峰的“下马威”

奥运圣火抵达珠峰是北京2008年奥运会火炬接力的一大亮点，备受世界瞩目。火炬登顶珠峰必须具备三个条件：在低温、低压、缺氧、大风的环境下，火炬要“点得着、看得见、不会熄”。为确保火炬登顶珠峰圆满成功，火炬总体方需要设计专门用于珠峰的火种灯、引火器及主火炬等装备。引火器的作用就是在珠峰峰顶从珠峰火种灯中引出圣火并引燃火炬。鉴于航天 42 所曾为我国多项航天工程研制生产过各类航天点火器，2006 年年初，总体方把引火器的研制任务交给了 42 所。

航天点火器是各类航天飞行器中广泛应用的一种火工品，42 所作为我国航天化学技术领域的专业研究所，具有各类点火器的丰富研制经验和雄厚技术实力。接到北京 2008 年奥运会的火炬研制项目，全所上下无比兴奋。所里高度重视，迅速成立了引火器项目攻关组，举全所之力确保技术攻关。攻关组的同志们更是信心百倍，表示要以最快的速度、最好的成绩，向北京奥运会献礼！

然而，就在大家信心十足地按照以往的经验开展工作时，很快便碰到了一个“下马威”。攻关组最初拿出来的引火器样品，在火炬总体方进行低压舱试验时出现了熄火现象，而且有的就干脆没有火！

2006 年 5 月，攻关组调整配方后的样品与珠峰火炬其他配套产品来到珠峰大本营，进行首次实地试验。虽然上山前，大家已经给引火器做过了各项验证试验，但在“威严”的珠峰面前，引火器再次“失灵”，依然出现了熄火和无火现象。

巍峨的珠穆朗玛峰，海拔 8844.43 米，常年冰雪覆盖，气温达零下 40 摄氏度，只有 0.3 个大气压，而且氧气稀薄，常年刮 12 级大风。在这样恶劣的环境下，引火器要从圣火灯中引出圣火并引燃火炬，其难度就好比在狂风中点燃一支火柴，而且不让它熄灭。

火，象征激情，传递梦想，珠峰火炬不能没有火！初受挫折的攻关组立即调整心态，重新修改试验方案，向巍峨的珠峰发起了新的挑战！

二、开展“头脑风暴”

低温低压试验的失利、第一次珠峰大本营的教训，使大家很快认识到了珠峰火炬引火器应用环境的特殊性，对各项性能指标的苛刻要求有了深刻的体会。

“珠峰火炬引火器不同于以往任何一个航天点火器，必须跳出常规思路！”为了彻底摆脱以往技术思路的束缚，攻关组集中全组员工开展“头脑风暴”。为了启发大家，有人甚至找来了一整套关于珠穆朗玛峰的详细资料，帮助大家重新认识珠峰。

那一段时间，这个只有 12 人、平均年龄不到 35 岁的技术团队，就像一个正苦心竭力构思作品的戏剧大师，按照早已要求好的各个场景，找寻着能够串起整个情节的合理路线。由于珠峰实地环境存在许多无法预测性因素，大家不得不预想各种复杂情况，尽可能地把试验验证方案做得更加周全。攻关组组长杨玲是一位具有十几年工作经验，先后研制了 10 多个航天型号、20 余种航天点火器产品的年轻高工。为了更加逼真地模拟实地环境，她带领攻关组在工房临时建立了一个简易的低压试验舱，通过更加直观的试验，不断摸索各类原材料选配对配方性能的影响和变化，努力探索能够突破难关的方向。

功夫不负有心人！经过近一个月的反复试验和摸索，攻关组最终找到了一条通过燃烧能够自产氧气、持续助燃的固体药柱合成途径。而这仅仅只是引火器迈向珠峰的第一步。为了符合“绿色奥运”的理念，攻关组对药柱的合成原材料进行了严格筛选，坚决剔除了任何能够产生污染的组分；为了满足使用方便和便于携带的要求，大家对药柱尺寸和成型工艺进行了精心设计；为了考验药柱的抗风性，他们把电风扇调到了最大档，一次次做点火试验；为了检验药柱的耐雨淋效果，大家又拿来了洗澡的淋浴喷头……总之，为了真实模拟实地效果，他们把能想到的办法都试了个遍，不断改进和提高药柱的性能。

2007 年年初，珠峰火炬奔赴我国的最北疆——漠河，进行火炬的低温低压试验。为了能够更加真切地掌握第一手试验资料，攻关组经验最丰富、年龄最长的老研究员杜又新随试验队一同来到了试验现场。这一次，引火器在现场的试验效果仍然不是很理想，在低温、低压环境下再次出现了无火焰现象。但这次老杜并没有着急，因为在所里大家已经模拟各种情况做过多次试验，对各种条件下可能出现的情况及其原因早已做过深入分析，试验现场的情况也验证了他们的预测。很快，老杜在第一时间向所里的同志发回了试验现场的数据。根据现场数据的分析，杨玲立即对燃料配方及成型工艺进行了大胆调整和创新，带领攻关组连夜赶制样品，并再次送到了漠河。

新试制的样品终于顺利通过了低温、低压环境试验的考核，正是这一次成功，为后续攻关指明了方向，确保了珠峰火炬及引火器的研制成功。

三、激情成就梦想

漠河试验一举突破难关，随后引火器研制工作进展异常顺利。经过近半年的精心调试，42 所研制的引火器最终攻克了低压（0.2 个大气压）、低温（零下 40 摄氏度）、大风（12 级）条件下火炬和引火器稳定燃烧的难关。引火器外形仅像一支长 10 余厘米、直径约 1 厘米的粗铅笔，轻便灵巧、携带方便，而且燃烧中无明显烟尘和气味，完全符合“绿色奥运”的理念。由于试验中各种情况考虑周全，验证充分，引火器性能十分稳定，即使浸泡在水里，照样能生火点燃。

2007 年 5 月，试验队和登山队带着引火器登上珠穆朗玛峰，再次对珠峰火炬、火种灯、引火器等进行实地检验。在珠峰多个海拔高度，引火器多次试验都满足了各项性能要求，次次点火成功，使用效果获得了登山队的好评。

2007 年夏天，北京奥运会珠峰火炬多个燃烧系统技术方案同引火器一道，接受了北京奥组委专家评审、选择，42 所研制的珠峰火炬引火器作为第一方案成功入选。

2008 年年初，奥运珠峰火炬最终的产品生产全面铺开，根据总体方要求，42 所需要提供 400 余支引火器。正值春节来临，又逢湖北等南方各省遭遇冰雪灾害。冰天雪地中，攻关组的同志们再次发扬了航天人特别能吃苦、特别能战斗的精神，踏着厚厚的积雪和冰凌，来往于各个工房，加班加点，连续奋战一个月，最终及时将产品送到了北京……

激情成就梦想，圣火光耀珠峰。虽然没有亲手传递火炬，引火器的研制者们却像登山的火炬手一样，攀登和征服了又一个高峰，用自己的智慧和勇气，引燃了奥运的激情，传递了奥运的梦想。

冰雪路上运特装

廖常英　甄丽荣

在一院物流中心，有这样一个团队，他们人数不多，承担着航天一院各型号特装产品及设备齐套交付、武器交装、顾客财产管理，以及全院各型号飞行试验出场装车、撤场卸车工作。多少年来，他们不论是烈日炎炎、暴雨倾盆，还是冰天雪地、狂风呼啸，只要接到型号任务，他们便紧急协调，即刻动身，要么长途跋涉运送交装产品和设备到指定地点，要么参加型号试验队奔赴靶场。为确保按时交付，确保一院各型号任务圆满完成，他们的足迹遍布祖国大江南北，他们拥有一个共同的名字——特装人。

2008 年 1 月 12 日，特装配套部接到紧急任务，要求 16 日前把一批设备紧急运往山西。当时正值寒冬腊月，而 2008 年又非比寻常，我国很多地区遭受了几十年不遇的冰雪灾害，通往交付地的多条高速公路拥堵甚至封锁，执行此项任务的张波（特装班组长，2011 年院突出贡献先进个人，多次获得中心优秀共产党员称号）、张国繁等被堵在路上。他们心急如焚，如果高速公路不通，必须改道行驶，不能硬等。凭着以往行车的经验，凭着对道路、交通、地形的综合判断，他们发现有一条山路还可以行驶，但是雪天路滑，山路崎岖，他们能顺利通过吗?

困难并没有难倒特装人，在了解天气状况、得知当天降雪量有减小的趋势后，张波高兴地叫了起来：“太好啦，我们有机会了，马上出发！”他们打起精神、毅然决定改由这条山路向目的地方向挺进。一路上，他们一边了解当地路况信息，时刻与各方保持联系，一旦有高速公路通畅的消息，做好改道准备；一边沿着山路继续前行。有些路段大雪封堵，车轮不停地打滑，不能正常通行。在一段山路的拐弯处，路面狭窄，上坡路又有积雪，对于长12.5米、宽2.5米的汽车来说，人员和产品的安全受到严重威胁，必须马上停车。

张波现场指挥，先将每辆车车轮固定防止下滑，一人负责察看拐弯处前方的路，除司机以外，其他的人开路，他们一锹一锹铲雪、一点一点推着产品车，走一点、垫一下后车轮，就这样用了两个多小时，车队终于通过了险要的路口，张波长舒了一口气……就这样在冰雪交加的恶劣环境下，他们尽心竭力地护卫着亟待交装的产品和设备。饥渴难耐时，他们啃几口硬邦邦的面包，喝几口冷冰冰的矿泉水。凭借着坚韧的毅力，凭借着对交装工作的经验和智慧，经过4天的日夜兼程，于1月16日，在规定时间前两个多小时，赶到了目的地，按时完成了交付任务，确保了试验的正常进行。

虽是严冬腊月，但特装队员干劲十足，激情如火，毅力如钢，因为他们都是航天人。

火灾抢险记

李平波

2002年9月4日，是一个普普通通的日子，然而发生在凌晨的火灾，迫使几部电话急不可耐地拨通了火警“119”，直打西安市消防指挥中心。灾情步步升级，接连不断地惊动了7414厂四车间主任、书记，直至该厂厂长，四院院长……这个普通日子的凌晨，即将发生一场残酷的、令担负着国家急需的战略战术武器装备生产任务的四院人难以承受的灾难！

一、火情，发生在子夜

9月4日凌晨零点50分左右，远离厂部百里，地处深山，承担着全院所有军品型号大型金属件热处理任务的7414厂四车间大件组职工，像往常一样在控制室里操作着大型联合井式电炉机组，精心处理着国家急需的重点型号产品。突然从一墙之隔的低压配电室传来“啪、啪”的炸裂声，作为大件组组长的我，凭着多年的工作经验和高度的警觉，意识到这绝非正常现象，便迅速上前切断电源。然而忽大忽小的炸裂声依然时断时续。我推门冲进低压配电室，不好！浓浓的黑烟已从墙角的地下电缆沟水泥盖板的缝隙滚滚而起。我急忙跑回控制室，招呼大家赶紧切断所有电源，接着拨响了变电所的电话。这时传进耳朵的信息全是大家的惊呼："着火啦！变压器着火啦！赶快救火！"

在热处理厂房周围，配套有数台变压器，3 台大容量变压器的安置点与生产厂房虽隔有一层约 20 厘米厚的砖墙，但铜排电缆却是里外互通。着火的便是容量1800千伏安、装油达1.4吨的一号变压器。变压器顶端的火，烧坏密封垫，冷却油喷泻而出。火借油势，油助火威，10 多平方米的房间，到处是熊熊烈火，装满油的变压器处在烈火之中。两扇近 2 米宽、3 米高的大铁门，瞬间被烧得通红，达到闪点的冷却油蹿进配电室，电缆沟立刻腾起 1 米多高的火苗。

二、火魔，在我们面前屈服

电缆沟长约 60 多米，沟内密密麻麻地排列着胳膊粗、拇指粗的电缆线近百根，缆沟上方是一个挨一个的配电柜，另一端则是 20 多台电抗器，每台电抗器内都装有百余千克的冷却油。如果火势得不到控制，整个机组都将化为乌有，所有重点军品型号生产计划，都将被这场大火无情地扼杀在这个黑色的夜晚，后果不堪设想。

在此危急关头，高度的主人翁责任感驱使大件组的十几名职工忘掉了害怕，忘掉了自我，迅速投入到灭火战斗之中。工会组长林瑛同志将第一罐灭火器运到现场，闫显秀同志第一个端起灭火枪冲进火区。此时，火区地面一米以上的空间已被浓烟笼罩，他只能半蹲着身子，从开了门的配电柜对准火焰扣动扳机，就在干粉喷射而出的刹那间，后坐力竟把他推倒在地，然而他人虽倒地，出枪的干粉却准确地喷射在火焰上。

火势太猛了。烟火疯狂地卷起干粉，烟雾像石灰一样呛人，几个人的口鼻里立即流出不明液体。一大罐干粉只是压低火头而已，几个人立刻运来第二罐、第三罐，迅速冲进火区。就在换枪的瞬间，火头又一次蹿了起来。仅有的 3 大罐干粉用完了，但火如顽敌，退而不死，紧急时刻，林瑛、朱琳等同志一路奔跑着从百米外的旋压车间提着、扛着、抱着灭火筒及时赶到，李建辉、李荣强等数人操起灭火筒，联合出击，明火终于被压了下去。但一排排胳膊粗的电缆铜芯仍然像碳火一样通红，火苗不时地蹿起来。火场就是战场，战斗能打多久？灭火器是否能坚持到最后胜利？我提醒大家，要节约“弹药”，不见明火，不要盲目喷射。并指定几个人专守低压配电室这个火区，密切监视火情，我带着其他人员又赶到厂房外面变压器失火区。

变压器失火区火情得不到控制，配电室就有可能再次起火。此时处在火海中的变压器，其危险程度丝毫不亚于一颗炸弹，随时都有爆炸的可能。对此，似乎谁也没想那么多，大家只有一个念头：尽快扑灭大火！我手提一只灭火筒，迅速靠近变压器室，强忍着烈火的炙烤，从紧锁着的被大火烧得滚烫的大铁门下面的百叶窗将干粉灭火剂喷了进去。李照民也甩开膀子，抡起铁锤，砸向门锁。为避免大量氧气涌入助燃，门开一条缝，灭火剂从门缝喷向火焰；门开半扇，两只灭火器共同作战……铜排电缆被熔断，钢梁被烧弯，四面砖墙水泥被烧裂烧酥，变压器室出现大面积落陷纹路……疯狂肆虐的明火终于被制服了。伍先才、王武安、李照民等同志又及时扛来大角铁、槽钢，将变压器喷射出的滚烫的冷却油导流出室外。

此时，得到消息的厂长张选来从百里之外赶来了，生产部长高威来了，车间领导余大兵、杜进宝、张正军来了，机动技安部门的同志也来了……

三、火后，应该记住的名字

险情逐渐得到控制，这时参加抢险灭火的大件组职工，心中才巨石落地。瞧瞧每个人的“尊容”，满脸满身的黑烟和干粉。模样是有些丑陋，但大家心灵深处为抢救国家财产而奋不顾身的美丽，受到了各级领导的高度赞扬。从发现火情到灭火结束，虽然是在没有灯光的黑夜中进行的，但却无一伤亡。让我记录下他们的名字吧：伍先才、林瑛、闫显秀、李荣强、李建辉、李照民、王武安、丁勇伟、张卫华、周涛、王世红、杨先灿、常西福、张文婷、朱琳、刘勇、王庆玲，还有在旋压车间值班的鞠秀波同志。

为防死灰复燃，车间主任余大兵、支部书记张正军在大家撤离之后，仍与几位同志共同留守现场，直至天亮……

当地震来临时

林巧俭

2008年5月12日14时28分，四川省汶川县发生了里氏8.0级地震。几乎同一时间，正在聚精会神工作的航天四院的干部职工们也感到了强烈的震感。他们面对手中正在进行的重要工作，选择了坚守。

一、坚守，责任使然

设计部103室富婷婷在地震发生的时候，就在本次地震的重灾区之一——绵阳江油进行某型号产品的测试试验。强烈的震感一次次震撼着脚下的土地，四周的墙壁发生严重倾斜的时候，测试间悬挂和摆放的物品纷纷掉落，大家争先恐后地往外跑。富婷婷克制住内心极度的恐惧，在迅速安置好产品之后，最后一个离开测试车间。由于地震造成了道路中断，汽车也没处加油，到5月14日，富婷婷一直被阻隔在江油。白天，没水没电，食物和饮用水也没有保障，就徒步到城外的老乡家搭伙；晚上，没地方睡觉，就蜷伏在车内。当汽车终于辗转回到西安的时候，心力交瘁的富婷婷终于支持不住，病倒了。可是，想到后续繁重的型号工作，在抵达当天的晚上，她又来到办公室，完成了一个个分析报告。

“刹那间，楼房在晃动，墙上的白灰在散落，桌子吱吱作响，桌上的水杯向地上滑落，大地在颤抖！”正在四川泸州692厂进行两个型号自毁装置产品验收工作的设计部101室自毁组的刘平、刘钧在回忆当时的情况时如是说。强震发生时，产品刚进入了总装的关键环节。厂房晃动起来，各种设备都在抖动，而此时生产又不能间断，怎么办？他们的第一个反应就是妥善处理正在加工中的火工品，火工品的安全才是最大的安全。刘平、刘钧二人和在场的工作人员对产品采取了紧急保护措施，将产品安置在妥当处，然后迅速撤离现场！

地震停止后，摆在他们面前的问题是生产是否还要继续。与厂领导、车间负责人及现场人员协商后，最后决定继续总装生产，仔细检查震动是否对生产造成了影响，并确认一切无误之后，生产继续进行。在后来的两天里，他们不顾个人安危，冒着强烈的余震，坚守岗位，在危险的火工品生产一线仔细对产品进行监控和检测，完成了两个型号自毁装置的验收任务，保证了产品按期交付。亲人们一直担心着他们的安危。但他们顾不了那么多，只是叮嘱家人：“你们在那边要小心安全，注意防震，我们这边的活还没有干完，等干完后就回去！”短短的几句话，透露出来的是割舍不断的亲情，还有坚守岗位、工作第一的精神。

二、大山深处那难忘的夜晚

当地震发生时，401所三室保温组的周永明、郑金涵、石亚琴正在山里试验工房为某重点型号发动机做着高低温循环试验。这次试验设计温度的变化，是保温组有史以来从未做过的，无论是高温试验还是低温试验，对他们来说都是一种挑战，存在着一定的危险性。试验前，三室就制定了详细的安全预案并进行了演练。从人员的着装、设备、仪器，到发动机转运吊装的每个细小环节，都认真地做了准备。震前，3人刚刚将发动机按工艺规程由高温转入低温。由于刚进入降温阶段，发动机的环境温度还保持着较高的温度，因此，随时要对发动机进行监控，将温度控制在规定的范围内。每隔一小时，还要对发动机的试验参数进行跟踪记录。

下午2点多，代班长周永明突然听到“呼呼”声，他立刻警觉起来，是不是发动机出现了问题？经查看，发动机状态正常，再去检查设备、水泵，也未发现异样。正当他疑惑异常声音的来源、准备由水泵房返回监控室再查看时，忽然看到停在院内的吊车大、小钩在晃动，同时，听到了组员石亚琴用很奇怪的语调在喊他，他赶快冲房间高喊：“快到院子里来！”他们意识到地震了，第一个反应是立刻打电话，向室领导报告山里的情况，但手机一直处于无法接通的状态。大约2点40分，室主任王林的电话终于接通了，王林让他们撤到院子里。之后，电话就再也打不通了。在没有接到上级下达的停止发动机试验的命令情况下，他们选择继续进行试验，坚守工作岗位。他们轮流进监控室，监控发动机的状态。在这寂静的大山里，只剩下他们三人。他们冒着随时会发生余震的危险，度过了一个难忘的夜晚，直到第二天接班的同事来替换，才回到家中。

三、他们用双手保护了“神七”关键产品

地震发生时，7416厂承担的神舟七号飞船逃逸系统发动机产品的生产进入关键环节，正在进行吊装联接。按预定工作计划，需起吊产品，调至象限位置并放在对接车上。突然，旁边停放的产品沿轨道前行，工房开始晃动起来，强烈震感的出现令员工感受到了危险，但产品吊起的位置正是电缆座向下，无法立即放下，也不敢轻易挪动吊车。在剧烈的晃动下，员工精力全部集中在如何妥善处理产品上，而对个人的安危却没有丝毫考虑。

只见一名员工冲向产品，在车轮下塞入垫木阻止其继续滑行，其余人员立即对产品采取紧急措施，拽来毛毡，垫在电缆座下，轻放，使发动机接触至对接车，并同时用手紧紧把住产品……在震感稍平稳后，员工们迅速将发动机吊放在一旁的地面弧形架上，并进行紧固，之后，才迅速撤离现场。

叫响华光品牌

赵国庆

2010年10月9日下午，中共中央政治局常委、国务院副总理李克强在河南省委书记卢展工、省长郭庚茂等领导的陪同下，来到乐凯华光印刷科技有限公司，走进还在建设中的华光园区，视察数码印版生产线，看望生产一线员工。这是李克强副总理11年来第二次来到乐凯华光，第三次对乐凯华光发展给予热情关注并提出殷切希望，把一片深情留在了乐凯华光，留在了华光人的心中。

一

1999年10月12日，秋雨绵绵，凉风轻拂。时任中共中央委员、河南省委副书记、河南省省长李克强在南阳市领导的陪同下，第一次来到第二胶片厂（乐凯华光印刷科技有限公司的前身，以下简称“二胶”）。

在办公楼六楼会议室，李克强省长开门见山地对厂领导说：“我今天来，就是想看看咱们的工厂、咱们的职工。”他仔细地阅读了二胶基本情况介绍资料，听取了李相权厂长关于企业科研、搬迁、技改、市场、管理等工作的汇报，不时插话询问二胶产品市场、企业发展等情况。他说，市场营销很重要，是企业工作的重中之重。当听到二胶坚持把市场工作作为龙头来抓时，他满意地笑了。在听到“国家严厉打击走私活动给二胶产品市场创造了一个良好机遇、国外同类产品在中国市场退缩”时，他提醒厂领导：“下一步还会有竞争，他们（指国外企业）决不会放过中国这个大市场。你们在技术上要先人一步，扩大市场占有，扩大市场份额。”当得知“二胶正和国内科研单位合作研发计算机直接制版版材并进入中试阶段”时，他表示出了浓厚的兴趣。他说，计算机直接制版版材代表着我国印前工艺的未来发展方向，对印刷产业升级换代作用重大，在这方面投入是值得的。你们搞中试，我们支持你们。这是一个重大项目，是一个很有前途、需求量很大的项目，希望二胶再努把力，使中试产品早日过关。他希望华光 PS 版这个印刷名牌产品上升到一个新档次。

在参观了刚刚投产的四号 PS 版生产线和听取了生产线建设、生产、产品等方面的汇报后，他鼓励厂领导：“你们的装备很不错，企业发展前景也很好，技术上得天独厚。希望你们再接再厉，搞好企业改革和发展，使二胶不断发展壮大。”

二

2009 年 6 月 20 日，时任国务院副总理李克强到河南视察工作。在省委、省政府召开的汇报会上，李克强副总理发表了重要讲话。他在讲话中脱开讲稿，向与会领导传达了离京前胡锦涛总书记委托他向二胶党委书记、厂长滕方迁及全厂干部职工转达的口信：“乐凯集团第二胶片厂的汇报材料我看了，他们的核心技术取得了重大突破，有些技术指标甚至超过了国际上最先进的同类产品。我很高兴，很满意。”

在传达胡锦涛总书记的口信时，李克强副总理充分肯定了二胶技术创新取得的成绩。

华光人又一次受到了极大的鼓舞，更加努力地搞好生产经营、技术创新、企业发展等工作，紫激光 CTP 版、柔性树脂版等新产品推向了市场，免处理 CTP 版拿出了中试样版，柔性树脂版生产线建成并生产了合格产品，PCB 胶片生产线正在加快建设中，免处理 CTP 版生产线即将开工建设……

三

2010 年 10 月 9 日，李克强副总理再次来到二胶（乐凯华光），来到了华光园区。在视察数码印版生产线途中，听取了滕方迁总经理关于企业生产经营、产品研发、数码印版、柔性树脂版等情况汇报，观看了华光系列产品，对企业技术创新、新产品研发、打造自主品牌等给予了高度评价，尤其对已研发出来的计算机直接制版版材、柔性树脂版和涂出中试样品的免处理 CTP 版给予称赞。

在参观了数码印版生产线化学段和涂布室后，李克强副总理随着滕方迁总经理走进了产品检测室。当他看到 8 分钟前下车时与滕方迁亲切握手的照片已制作成印刷版时，很兴奋，惊喜地说道："想不到这么短的时间就制作出了印刷版，速度太快了，太快了！"他拿起印刷版，看了又看，脸上露出了欣喜的笑容。看过制作好的印刷版，滕方迁拿着一张胶印版材高兴地对李克强副总理说："我们还有一个最新的产品，原计划明年 3 月在广东举行的中国印刷展览会上展览，今天您来了，我们很高兴，我给您做冲版演示。"只见滕方迁拿起一只装有白开水的纸杯，喝了一口，然后把水轻轻地倒在版材上，用海绵轻轻地擦了擦，版材上立即显现出清晰的图像。李克强副总理饶有兴趣地观看了演示的全过程。滕方迁告诉他："这就是计算机直接制版版材的下一代最新产品——免处理 CTP 版，它不需要化学显影液显影，用水就可以冲洗。不仅节省了冲洗时间，又没有污染，印刷质量会更好。"

李克强副总理高兴地说："不用化学处理，无污染的环保产品？有了这个产品，环境有保证了，企业的环保有保证了，这是一个环境友好型的产品；既高效、又环保，印刷质量还好，一举三得，很好，很好！"

李克强副总理在产品展台前，仔仔细细地观看了华光系列产品，他兴奋地对滕方迁说，你们发展得很快，产品有胶片、PS 版、CTP 版、柔性树脂版、免处理 CTP 版，这是不断创新的结果。

在视察即将结束时，李克强副总理动情地对华光员工说："我是 11 年前到老厂区的。二胶最早在内乡，走过了一个很艰难的历程，而且是在不屈不挠的奋斗，现在已经打造出了自主品牌，并按照总书记的要求'把华光品牌在国际市场上叫响'，现在已经叫响了，也有了叫响自主品牌的实力。无论是技术研发、还是工艺流程，乃至装备制造，这几方面我都看了。你们经过不懈的奋斗，通过不断的创新，已经拥有了一定的实力。希望你们抢占国际制版领域的技术高地，抢占国际市场制高点，用我们自己的技术、自己研发的装备，生产出更多更好的自主产品，在国际市场上占有更大的份额。"

临行前，李克强副总理紧握滕方迁总经理的手，关切地询问："还有什么困难？"当听到滕总经理说"集团公司和南阳市都希望我们快速上市，通过进入资本市场，使华光品牌迅速做大做强"时，他再次鼓励二胶人："要继续努力，叫响华光这个中华品牌。我支持你们快速上市，快速做大做强，占领国际市场制高点；通过进入资本市场，使你们的实力更加雄厚。"